쉬코노미가 온다

쉬코노미가
온다

타파크로스 지음

한스미디어

대한민국은 이미 '쉬코노미' 열풍

'쉬코노미SHEconomy'. 이 단어는 몇몇 사람들에게는 익숙한 단어일수 있고, 또 몇몇 사람들에게는 생소할 수 있다. 그러나 2019년 대한민국은 이미 쉬코노미 열풍의 한가운데에 있었다. 쉬코노미는 '여성She'과 '경제Economy'의 합성어로, 여성이 주체가 되어 소비 활동을 하는 경제를 의미한다. 이 용어는 지난 2010년 미국 시사주간지 〈타임Time〉에서 소비 시장의 핵심 키워드로 여성을 주목하면서 등장했다. 여성의 임금이 상승하고 구매력이 증가하면서, 실제로 미국에서는 구매 의사 결정의 85%를 여성이 주도하는 것으로 밝혀졌다. 어디 미국뿐이겠는가? 유럽이나 중국도 마찬가지다.

사실 이러한 현상이 최근에 갑작스럽게 나타난 것은 아니다. 예전부터 가정에 필요한 물품을 구매하는 것은 주로 여성들이었다. 대부분의 어머니들이 경제 활동을 하지 않던 시절을 떠올려보면 이해가 쉽다. 어머니가 시장에서 먹거리를 사와서 요리를 했고, 세제를 사와서 빨래를 했다.

이때, 어느 곳에 위치한 어떤 가게에서 콩나물을 살지, 어떤 라면을 살지, 어떤 브랜드의 세제를 살지를 결정하는 것은 여성이었다. 그렇다면 쉬코노미는 예전부터 존재해왔던 현상일까? 단지 구매 결정자의 측면에서 보면 그렇게 생각할 수도 있다.

하지만, 그 면면을 들여다보면, 왜 지금 쉬코노미가 등장했고 중요해지는지 알 수 있다. 예전 어머니들은 상품을 고를 때, 자신을 위한, 즉 자신이 좋아하는 상품을 선택하지 않았다. 주로 가계 경제와 가족 구성원들을 위해, 조금 더 콩나물을 싸게 파는 가게에 가거나 가족들이 좋아하는 브랜드의 라면을 샀다. 대한민국에서 쉬코노미가 부상한 것은 이러한 어머니상, 즉 여성상에 변화가 일기 시작하고 나서부터다.

사회적으로 여성의 권익이 신장하면서 여성은 식품, 의류 및 생필품뿐만 아니라 주택, 의료서비스, 자동차 구매 결정에도 막강한 영향력을 행사하게 되었다. 또, 경제력이 향상하면서 자신을 위해 소비하기로 결심하고 지갑을 여는 여성들이 늘어나기 시작했다. 그러므로, 현재 대한민국의 쉬코노미 현상을 이해하기 위해서는 여성 권익 현황과 경제 활동 상황에 대해 먼저 이해해야 한다.

목소리가 커진 여성들

2019년 대한민국의 여성들은 사회 곳곳에서 큰 목소리를 내고 있다. 경제뿐만 아니라, 정치, 사회의 영역에서도 누구보다 강하게 자신들의 의견을 주장한다. '미투Me Too 운동'으로 촉발된 페미니즘을 기반으로 남성이 우위인 모든 상황에 반기를 들고 있는 것이다. 여성을 성 상품화한다던지, 성차별적인 상황에 대해 민감하게 반응하며 온라인상에서는 거센 비난 여론이 만들어진다.

2016년 이후 온라인상에서 젠더 갈등과 관련한 담론은 정치 갈등과 세대 갈등에 대한 담론을 압도하고 있으며, 갈등 비중도 지속적으로 증가하고 있다. 심지어 성별과 무관한 사건까지 젠더 갈등으로 번지는 일도 잦다. 노출이 심한 옷을 입은 남성이 화제가 된 사건에서 "이러한 의상이 공연음란죄에 해당하느냐"에 대한 얘기보다는 "여성 노출은 허용하면서, 남성 노출은 안 되느냐"에 대한 담론이 주를 이루는 식이다.

사실, 이러한 갈등은 젊은 세대들이 '불공정함'에 가장 민감하게 반응한다는 것이 반영되어 있다. 여성, 혹은 남성이기 때문에 받게 되는 불공정한 대우에 크게 분노한다는 뜻이다. 이러한 분노는 젠더, 특히 여성에 대한 불공정성으로 이슈가 된 기업에게 불매운동이라는 결과로 나타난다.

쉬코노미와 여성 소비에 주목하라

여성의 목소리가 커지고 구매 결정을 주도하는 현재, 여성의 생각과 행동을 이해하는 것은 매우 중요한 일이 되었다. 여성들은 기본적으로 배려와 공감, 수평적, 관계적 성향이 남성보다 강하다고 한다. 그렇다면 최근 1~2년 사이 대한민국 여성의 소비 행동도 이러한 성향에 기반한 것일까?

분석 결과, 그녀들은 소비할 때 공감과 소통을 중시하고 체험과 스토리텔링을 더 중시하는 것으로 드러났다. 더불어 자신들이 가치를 부여한 것에 지갑을 여는 '가치 소비', 환경을 생각하는 '윤리적 소비'를 중요시한다. 이러한 여성의 소비 성향은 소셜 빅데이터로 쉽게 증명된다. 소비 및 후기와 관련해 SNS를 통해 크게 목소리를 내고 있는 것도 여성이기 때문이다. 따라서 이 책에서는 소셜 빅데이터 분석을 통해, 2019년도 대한민국 여성의 소비 행동과 그 원인을 분석하고 이해하고자 한다.

돌이켜보면 여성들의 생활과 밀접한 패션 및 뷰티·식품·생필품 관련 제품뿐만 아니라, 가족과 함께 식사를 하는 식당을 선택할 때도, 그리고 주택을 구매할 때도 여성의 결정이 주를 이루고 있다. 이에 더해, 남성 소비의 전유물이라고 여겨졌던 스포츠나 자동차와 관련된 부분에서도 여성의 입김이 세지고 있다. 미국 비즈니스 경영 구루인 톰 피터스Tom Peters는 자신의 저서에서 "마케팅 방식의 모든 것을 여성 중심으로 바꾸어야 한다"고 말했다. 시장에서의 영향력이 막강해진 그녀들을 이해하고 자신의 편으로 만드는 것이 이제 모든 기업의 숙명이 된 것이다. 모쪼록 이 책이 현재 대한민국의 그녀들을 이해하고 사로잡는 방법의 이정표가 되기를 바란다.

2019년 12월

소셜 빅데이터 분석이란?

온라인상의 게시글을 수집하고 정제한 후 이를 분석해 다양한 인사이트를 도출하는 분석 방법으로, 최근 소비자들의 진실된 마음과 숨은 욕망을 읽을 수 있다는 측면에서 각광받고 있다. 특정 키워드를 포함한 SNS 및 카페, 커뮤니티의 게시글을 대상으로, 일자별 게시글 발생 건수를 통한 관심도 및 확산성을 분석한다.

또한 해당 키워드와 동시에 언급된 단어의 빈도와 내용 등을 통해 담론을 분석할 수 있으며, 게시글의 긍·부정 및 감성어(해당 키워드에 대한 태도를 나타내는 단어) 분석 등이 가능하다. 예를 들어, '여성'이라는 단어가 포함된 게시글의 언급량의 변화와 언급량이 급증한 시점의 내용 분석이 가능하며, '여성'과 동시 언급된 연관어(해당 키워드와 함께 노출되는 단어) 빈도수를 통한 인식 및 담론 분석, '여성'이 언급된 게시글의 긍정 및 부정 비중 분석 등이 가능하다.

목차

2019년 대한민국 그녀들의 소비를 말하다 ─

그들은 어떻게 그녀들의 마음을 사로잡았나 ─

1부

여성이
움직이는
세상

SHECONOMY

01
무엇이 여성을
행동하게 만들었나

2018년 3월 8일, 맥도날드가 브랜드의 상징인 노란색 알파벳 'M' 을 'W'로 뒤집어 달아 세계의 이목을 집중시켰다. 세계 여성의 날을 기념하는 의미에서 '여성Woman'을 가리키는 알파벳 'W'로 간판의 모양을 바꾼 것이다. 미국 캘리포니아주의 한 지점에서만 진행된 행사였지만, 이는 전 세계적으로 크게 이슈가 됐다.

같은 해 3월 글로벌 스카치 위스키 '조니 워커Johnie Walker'의 제조사 디아지오Diageo는 한정판 위스키 '제인 워커Jane Walker'를 출시해 화제가 됐다. 제인 워커는 12년산 블랙 라벨 위스키로, 기존 조니 워커 제품에 담긴 남성의 모습이 아니라 중절모와 넥타이 차림으로 걸

▶ 세계 여성의 날에 특별한 이벤트를 마련한 맥도날드와 디아지오

자료: 맥도날드, 디아지오

어가는 여성의 모습을 그려 넣었다. 세계 여성의 날이 있는 3월 한 달 동안 판매했고, 성 평등을 위한 노력의 일환으로 1병당 1달러의 판매 수익을 여성 단체에 기부했다. 이러한 여성을 위한 마케팅은 전 세계 여성 고객들의 즉각적인 호감과 신뢰를 얻고 있다.

기업들이 여성 고객의 환심을 사기 위해 노력하는 것은, 여성이 중요한 소비자이기 때문이다. 이는 여성들의 목소리가 커졌기 때문인데, 이런 현상은 국내도 마찬가지다. 페미니즘 열풍이 거세지고 SNS를 통해 힘을 모으면서 여성들은 점점 더 큰 목소리를 내고 있다.

GIRLS CAN DO ANYTHING :
여성 혐오를 혐오하다

지난 2018년 2월, 한 문장이 대한민국 온라인을 뜨겁게 달궜다. 'GIRLS CAN DO ANYTHING'이 바로 그것인데, 사건은 인기 여성 아이돌 그룹 소속의 모 멤버가 사용한 휴대폰 케이스로부터 시작됐다. 그녀는 자신의 인스타그램에 'GIRLS CAN DO ANYTHING'이라는 문장과 함께 뉴욕의 한 식당에서 촬영한 사진 몇 장을 올렸다. 사진 속 그녀의 손에는 휴대폰이 들려 있었는데, 검정색 휴대폰 케이스 위에는 또렷한 흰 글씨로 위와 같은 문구가 쓰여 있었다. 댓글 창은 곧 성난 누리꾼들의 전장이 되었고, 그녀는 결국 게시물을 삭제하기에 이르렀다. 특별히 이상할 것 없는 아이돌 가수의 사진이 왜 이토록 격렬한 논란을 가져온 것일까?

'GIRLS CAN DO ANYTHING'은 본래 영미권 페미니스트 진영에서 주로 사용되던 문장으로, 여성은 남성의 도움 없이도 남성과 동등하게 일을 하는 데 아무런 문제가 없다는 뜻이다. 여성의 자주성을 강조하는 의미에서 쓰이는 일종의 구호인 것이다. 이 문구는 2017년 말 트위터와 페이스북, 일부 커뮤니티 등을 통해 한국에 유입됐다. 페미니스트들은 이 문구가 쓰인 이미지를 메신저나 SNS의 프로필 사진으로 걸어 본인이 '페미니스트'임을 드러냈다.

그런데 이 문구가 아이돌 가수의 휴대폰 케이스에 등장하자, 그녀에게 페미니즘을 옹호하는 것이냐는 일부 반反 페미니스트였던 팬들의 비난이 가해진 것이다. 그들 중, 일부는 '그녀가 페미니스트였다는 사실에 배신감을 느낀다'며 '탈덕(탈脫+덕질: 열광하던 것에서 벗어나는 일)'을 선언하기도 했다.

이 사건이 있고 얼마 지나지 않아 이번에는 다른 여성 아이돌 그룹의 모 멤버가 비슷한 이유로 도마 위에 올랐다. 팬 미팅 자리에서 페미니즘 서적으로 알려진 《82년생 김지영》을 읽었다고 밝혔기 때문이다. 이번에는 그녀의 독서 취향에 분노한 팬이 해당 가수의 사진을 태우는 화형식까지 벌어졌다. 누군가는 페미니즘을 더 이상 페미니즘 자체로 받아들일 수 없게 되었음을 보여주는 단적인 사례들이다.

소수가 아닌 다수의 '보통 여자'들에게 전파된 분노와 문제의식

페미니즘을 향한 분노는 어디에서 온 것일까? 페미니즘이 사회의 주된 담론으로 등장하고 사람들의 입에 보다 자주 오르내리게 것은 비교적 최근의 일이다. 담론의 확산 배경에 대해서는 의견이 분분하나, 많은 이들이 그 시작을 2015년 메르스 갤러리로 보고 있다.

메르스 바이러스 확산에 불안감이 고조되던 2015년 5월 말, 인터넷 커뮤니티 플랫폼 디시인사이드에는 메르스 관련 정보를 공유하기 위한 메르스 갤러리가 만들어졌다. 당초 정보 공유의 장으로서 기능하던 메르스 갤러리는 온라인 페미니즘 공론장이라는 독특한 성격을 가지게 됐는데, 한국인 여성 감염자가 홍콩에서 격리 치료를 거부했다는 뉴스가 그 촉매 역할을 했기 때문이다. 결국 이 뉴스는 오보로 밝혀졌으나 온라인상에는 '김치녀가 그럴 줄 알았다'는 식의 여성 혐오적 반응이 이어졌고, 이것이 성별 간 갈등으로 확장됐다.

오늘날 한국 사회에서 페미니스트의 대명사로 거론되는 온라인 커뮤니티인 '메갈리아'가 바로 여기에서 출발한다. 메갈리아는 가벼운 농담처럼 오르내리던 여성 비하 발언을 이전처럼 두고 보지 않았고, 스스럼없이 여성 비하 발언을 내뱉는 사회 분위기와 남성 중심의 가부장제 문화에 대해 강하게 비판하기 시작했다. 이로써 여성 인권 문제가 사회 전면에서 본격적으로 다뤄지기 시작했고, 그간 불평등함을 느껴오던 여성들의 많은 지지를 얻었다. 한편으로, 메갈리아는 대표적 남성 우월주의 커뮤니티인 '일베'에 대한 미러링*으로 '한남충' 등의 혐오 단어를 스스럼없이 사용하고, 불특정 남성을 향한 외

---

* 상대방의 잘못이나 글, 사상 등을 등장인물이나 화자의 성별만 바꾸어 뒤집어 보여줌으로써 한국 사회의 여성 혐오를 선명하게 드러내기 위한 전략. 메갈리아의 등장과 함께 확산되었다.

▶ '페미니즘' 및 '여성 혐오' 담론 언급량 추이

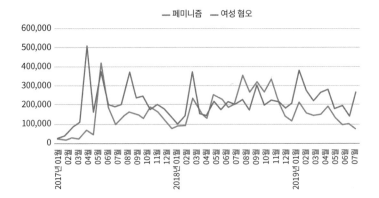

— 페미니즘　— 여성 혐오

- 분석 기간: 2017.01.01~2019.07.31
- 분석 매체: 매스 미디어, 트위터, 페이스북, 인스타그램, 블로그, 커뮤니티

자료: 타파크로스 TrendUp V4

▶ 온라인상에 나타난 '페미니즘' 연관어

글자 크기: 언급량

　　　　　　　　　　　　　　　　쉬코노미가 온다

모 비하와 성적 비난까지 자행하고 있다는 점에서 많은 비판이 가해지기도 했다.[1]

온라인상에서 페미니즘이 언급되는 것과 여성 혐오가 언급되는 현상을 분석하면, 이 두 단어의 연관성을 확인할 수 있다. 실제로, 페미니즘 언급 추이는 여성 혐오 언급 추이와 상당히 유사한 패턴을 보이고 있다. 주로 여성 혐오에 페미니즘으로 맞서거나, 혹은 페미니즘을 이야기하는 여성에 대한 혐오적 시각을 드러내거나, 그 혐오적 시각에 다시 비판을 제기하는 형태다.

메르스 갤러리 이후, 스스로를 페미니스트로 정체화한 여성들은 여성 문제와 관련해 보다 적극적으로 자신의 의견을 피력하며 남성 권력과 남성 중심 사회에 공격적인 태도를 취하기 시작했다. 이 새로운 여성의 등장은 자연스레 가부장제 질서 속 남성성의 위기를 가져왔다. 본래 가부장제 사회 속에서 기능하던 여성 혐오와는 조금 다른 모습으로 '페미니스트 여성'에 대한 혐오가 생겨났다.

온라인상에서, 페미니즘과 관련해 가장 많이 언급된 단어들 중, '여혐', '혐오', '여성 혐오'와 같은 단어들이 상위에 등장한다는 것은 이러한 성향을 방증한다.

온라인상에서 성별 간 갈등이 확산될 무렵, 강남역에서 살인 사건이 발생했다. 강남역 인근 상가 내 남녀공용 화장실에서 한 여성이 낯선 남성에 의해 사망한 사건으로, 범인이 피해자보다 먼저 지나간 남성들을 보내고 여성을 범죄 대상으로 삼은 데다 '여자들이 나를 무시해서'라는 범행 동기를 밝혀, 여성 혐오 범죄라는 여론이 확산됐다. 경찰은 성별만 구별했을 뿐 그 대상이 누구든 상관없었다는 점을 고려해 사건을 '묻지마 범죄'로 공표했으나, 피해자가 단지 여성이라는 이유로 살해되었다는 사실을 두고 논란은 계속됐다.

자신도 범죄의 대상이 될 수 있다는 불안과 공포심을 갖게 된 여성들은 강남역 10번 출구로 쏟아져 나왔다. 출구 유리벽에는 피해자를 추모하는 의미의 포스트잇이 가득 붙었고, 공직자와 유명 정치인들도 나서서 무고한 죽음에 애도를 표했다. 수일 간 이어진 자발적인 추모 행렬은 여성 혐오를 하나의 사회 문제로 공론화했고, 페미니즘은 더 이상 소수의 '메갈리아'가 아닌 다수의 '보통 여성들'에게로 전해졌다.

미투 운동: 억압됐던 여성들, 광장으로 나오다

이렇게 페미니즘이 확산되면서 사회 곳곳에서 여성들이 점차 더 큰 목소리를 내기 시작했다. 그 정점을 찍은 사건이 바로 2018년 국내에서 벌어진 미투 운동이다. 미투 운동은 2006년 여성 운동가 타라나 버크Tarana Burke가 제안한 사회 운동으로, 성폭력 피해자들이 자

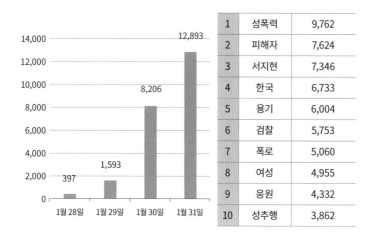

▶ 서지현 검사 폭로 시점 '미투 운동' 언급량 추이와 주요 연관어

순위	연관어	언급량
1	성폭력	9,762
2	피해자	7,624
3	서지현	7,346
4	한국	6,733
5	용기	6,004
6	검찰	5,753
7	폭로	5,060
8	여성	4,955
9	응원	4,332
10	성추행	3,862

• 분석기간: 2019.01.28~2019.01.31
자료: 타파크로스 TrendUp V4

신들의 피해 사실을 드러내고 피해자들끼리 연대할 수 있도록 도우려는 목적에서 출발했다. 그리고 2017년 10월, 이 운동은 미국 할리우드 영화 제작자 하비 와인스타인 성범죄 파문[*]과 결합되면서 공개 운동의 성격을 띠고 세계 전역으로 퍼져 나갔다.

한국의 미투 운동 담론은 2018년 1월 29일 서지현 검사가

• 2017년 하반기 할리우드를 뒤흔든 성범죄 사건. 미국 거물 영화 제작자인 하비 와인스타인이 수십 년에 걸쳐 배우, 영화사 직원, 모델 등에 성희롱 및 성추행을 자행했다는 사실이 드러났다. 피해 사실을 알린 여성만 100명이 넘는 것으로 알려져 있다.

▶ 2018년 '미투 운동' 언급량 추이

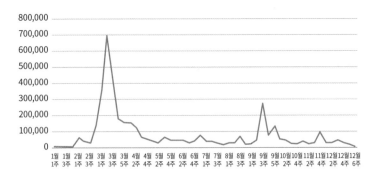

자료: 타파크로스 TrendUp V4

〈JTBC 뉴스룸〉 인터뷰를 통해 검찰 내 성폭력을 폭로한 이후 확산 되기 시작했다. 하비 와인스타인의 성범죄 파문도 국내에 적지 않은 영향을 미쳤지만, 2017년 10월부터 12월까지 3개월간 '미투 운동' 관련 버즈량은 일평균 500건 정도에 불과했다. 그러나 현직 여성 검사의 성폭력 피해 폭로에, 온라인상 '미투 운동' 언급량은 29일 1,593건, 30일 8,206건, 31일 1만 2,893건으로 급증했다. 1월 29일부터 31일까지 3일간 '미투 운동' 연관어 분석 결과, '서지현 검사', '검찰', '여검사' 등 이슈와 직접적으로 관련 있는 연관어가 대부분이었으며 '응원', '위드유' 등 공감 연관어 역시 상위에 올랐다.

그녀의 발언은 사회에 큰 충격을 안겨주었고, 이후 많은 피해자들

쉬코노미가 온다

이 목소리를 내는 계기로 작용했다. 검찰을 시작으로 문단, 극단, 학계 등 집단 내 성폭력에 대한 고발이 이어졌다.

대한민국에서 미투 운동 담론이 가장 활발했던 시기는 2018년 3월 초였다. 성폭행 혐의로 경찰 조사를 앞두고 있던 한 남성 배우가 자살이라는 극단적 선택을 하면서 미투 운동은 조금 다른 국면을 맞게 됐다. 온라인상에는 상반되는 두 의견이 나타났는데, 한쪽은 그의 죽음이 과열된 미투 운동으로 인한 비극이라며 미투 운동 거부 의사를 표명했고, 다른 한쪽은 응당한 결과를 회피한 무책임한 선택이었다고 비난하며 대립했다. 미투 운동에 대항하여 여성이 가한 폭력을 고발하는 '유투You too 운동'과 집단에서 여성을 배제하는 형태의 대응 방식인 '펜스룰'에 대한 언급이 확산된 것도 이 무렵이다.

미투 운동으로 달라진 인식 변화

그럼에도 한국 사회에서 미투 운동은 젠더 불평등의 심각성을 일깨운 일련의 사건으로서, 개인적 차원에서 다뤄져온 성폭력이 권력에 기반한 구조적 문제라는 데에 전반적인 사회적 공감을 이끌었다.[2]

한국여성정책연구원이 2018월 2월 전국 거주 성인 남녀 2012명을 대상으로 진행한 미투 운동 관련 인식 조사에 따르면, 미투 운동을 지지하냐는 물음에 '지지한다'고 답한 응답자가 전체 70.5%를 차

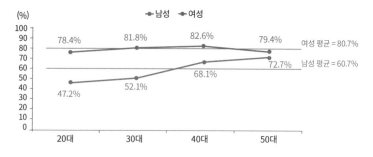

▶ 미투 운동에 대한 지지* 응답 비율(성별·연령대별)

(%)
- 남성 - 여성

남성: 47.2% (20대), 52.1% (30대), 68.1% (40대), 72.7% (50대)
여성: 78.4% (20대), 81.8% (30대), 82.6% (40대), 79.4% (50대)

여성 평균 = 80.7%
남성 평균 = 60.7%

* 지지한다 = 매우 지지한다 + 약간 지지한다
자료: 한국여성정책연구원

지했다.[3] 성별을 구분해보면 여성의 80.7%, 남성의 60.7%가 미투 운동에 지지한다고 응답해, 두 성별 모두 과반 이상이 미투 운동에 대한 공감대를 형성하고 있는 것으로 나타났다. 특히 남성 가운데는 기성세대인 40~50대의 공감 수준이 20~30대에 비해 높았다는 점이 주목할 만하다.

이 같은 조사 결과와 관련해, 여성정책연구원은 중장년층의 축적된 사회적 경험이 피해자와 차별적 상황에 대한 감수성을 확장시켰을 것이라 분석했다. 미투 운동은 기성세대 남성이 젠더 권력의 실재성을 인지하는 계기가 되었고, 같은 조사에서 남성 중 58.3%는 '과거 자신의 말과 행동이 성폭력일 수 있었을 것이라 생각하게 되었다'고 응답했다.

쉬코노미가 온다

더불어, '성 인지 감수성'이라는 단어가 소셜 미디어에 눈에 띄게 등장하기 시작한 것도 미투 운동 이후였다. '성 인지 감수성'이란 성별에 따른 차별이나 유·불리함 또는 불균형을 인지하는 능력을 말한다. 이 단어는 주로 재판에서 성범죄 관련 사건을 심리할 때 피해자가 처한 상황에서 사건을 바라보고 이해해야 한다는 맥락에서 사용되었다. 그러나, 이 단어는 성 차별에 대한 인식이 확산되면서, 점차 일반적으로 사용되기 시작했다. 온라인상 '성 인지 감수성' 키워드 언급량은 2017년 한 해 395건에서 2018년 5,376건으로 급증했다.

미투 운동과 관련한 직·간접적 경험은 여성들로 하여금 자신의 목소리를 내는 것이 다수의 지지를 받음으로써 사회의 변화로 이어질 수 있다는 일말의 가능성을 확인하게 했다. 용기를 얻은 여성들은 더욱 활발히 움직이기 시작했다. 홍대 누드모델 불법촬영 사건*을 계기로 촉발된 불법촬영 편파수사 규탄 시위, 일명 혜화역 시위가 그 예다.

시위는 2018년 5월부터 2018년 12월까지 총 여섯 차례 진행되

---

* 여성 모델이 동료인 남성 누드모델의 나체를 몰래 촬영하여 온라인 커뮤니티 워마드에 게시한 사건. 가해자를 특정하기 쉬운 단서들이 많아 빠른 속도로 검거가 진행됐고, 가해자는 징역 10개월의 실형을 선고받았다. 그러나 해당 사실이 그간 여성을 대상으로 한 불법촬영 범죄의 수사가 대개 지지부진 했다는 점과 대비되면서, 일각에서는 가해자나 피해자의 성별에 따라 수사를 달리 진행하는 것이 아니냐는 의혹이 제기됐다.

었으며, 한 번의 집회에 경찰 추산 1만여 명이 참가한 것으로 알려졌다. 시위의 성격이나 진행 과정에서 불거진 여러 문제를 차치하고, 혜화역 시위는 한국에서 진행된 여성 주도의 여성 시위 가운데 가장 조직적이었으며, 규모가 큰 시위였다는 데 의의가 있다.

트위터를 지배하는 자: 해시태그로 폭발적인 이슈 만들고 '연대'를 맺다 ────

여성들이 목소리를 내고 결집할 수 있는 가장 큰 이유는 SNS가 있기 때문이었다. 많은 사람들은 SNS상에서 자신의 일상을 실시간으로 공유하고, 사람들과 관계를 맺고 유지하며, 주요 논쟁에 자신의 의견을 보태거나 정치적 행위에 동참한다. 페이스북이 2019년 4월에 공개한 월 활성 이용자(Monthly Active Users)의 수는 무려 23억 8,000만 명에 달한다. 즉, 지구인 3명 중 1명은 페이스북을 이용하는 셈이다.

현재 대한민국에는 여러 SNS 플랫폼이 활성화되어 있지만, 그중 가장 대표적인 것은 페이스북, 트위터, 인스타그램이다. 이 중, 타 플랫폼에 비해 이슈가 발생했을 때, 전파력이 가장 강한 것은 트위터다. 간결하고 신속한 메시지 작성이 주를 이루며, '리트윗Retweet'이라는 버튼이 있어, 자신의 계정에 즉시 옮기는 것이 가능하기 때문이다. 이러한 특성으로, 트위터는 사회·정치적 이슈를 전파하거나 문제 상황을 드러내는 데 주로 활용되어왔다. 정치인이나 유명 언론사 기자, 평론가 등 사회 저명인사들이 트위터 채널에 다수 보이는 이유다.

트위터의 주요 유저는 여성?

최근 조사에서 한 가지 흥미로운 사실이 드러났다. 국내 트위터 이용자 분포가 남성보다 여성에서 높게 나타났으며, 다른 연령보다 10대에서 높게 나타났다는 점이다.

나스미디어가 국내 PC·모바일 이용자를 대상으로 진행한 '2018년 인터넷 이용자 조사'에 따르면, 트위터를 이용한다고 응답한

▶ **성·연령별 SNS 이용 현황**

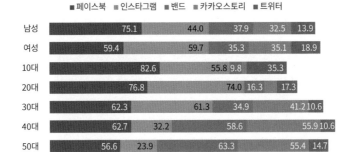

(단위: %, 중복 선택)

■ 페이스북 ■ 인스타그램 ■ 밴드 ■ 카카오스토리 ■ 트위터

	페이스북	인스타그램	밴드	카카오스토리	트위터
남성	75.1	44.0	37.9	32.5	13.9
여성	59.4	59.7	35.3	35.1	18.9
10대	82.6	55.8	9.8		35.3
20대	76.8	74.0	16.3		17.3
30대	62.3	61.3	34.9	41.2	10.6
40대	62.7	32.2	58.6	55.9	10.6
50대	56.6	23.9	63.3	55.4	14.7

자료: 나스미디어

여성은 18.9%로, 트위터를 이용한다고 응답한 남성(13.9%)보다 5%포인트 높았다. 연령별 트위터 이용률을 보면, 10대 사용자의 트위터 이용 비중(35.5%)이 20대 사용자(17.3%)의 2배, 30대 사용자(10.6%)의 3배 수준인 것으로 드러났다. 그렇다면 10대와 여성을 정치적 사안에 가장 관심이 많은 집단으로 보아야 하는 것일까?

10대 여성이 트위터를 이용하는 데는 다양한 배경이 있지만, 가장 주요한 것은 트위터 채널과 팬덤 문화 간 연관성이다. 트위터는 다른 SNS 채널과 달리 '트위터 트렌드'라고 불리는 실시간 순위 정보를 제공하는데, 바로 이것이 트위터가 국내 온라인 팬덤 문화의 주요 플랫폼으로 자리 잡는 데 지대한 영향을 미쳤다.

팬덤에게 트위터 순위 정보는 자신들의 영향력을 각인시키고 팬덤의 대상인 아이돌 스타에 대한 주목도를 높일 수 있는 기회로 작용한다.[4] 자신이 좋아하는 가수가 새 앨범을 발매한 시점에 해시태그를 걸어 이를 홍보하고, 음악 프로그램에서 1위를 하면 '#1stwin' 등의 해시태그로 축하하는 식이다. 실제 트위터 트렌드를 들여다보면, 아이돌 및 엔터테인먼트 관련 키워드가 상당히 빈번하게 나타남을 확인할 수 있다.

그러나, 트위터상에 나타나는 팬덤의 해시태그 행위는 홍보나 축하와 같은 긍정적인 이슈에만 한정되지 않는다. 아이돌 가수나 소속 기획사에 문제를 제기하고 비판을 가할 때도 같은 방식이 활용된다. 하나의 예로 2016년 남성 아이돌 그룹 방탄소년단에 대한 여성 혐오 공론화 사례가 있다. 당시 방탄소년단이 내놓은 일부 자작곡에 여성 혐오로 보이는 내용의 가사가 포함되었다는 것이 알려지며, 팬덤 사이에서 이를 둘러싼 논쟁이 벌어졌다.

2016년 5월 22일, 방탄소년단 팬덤에 의해 '방탄소년단 여성 혐오트윗 공론화'라는 이름의 트위터 계정이 만들어졌다. 공론화 계정의 주도 아래 팬들은 소속사와 멤버들의 해명을 촉구하는 해시태그 운동을 벌였고, '#BTS피드백을원합니다'라는 해시태그를 단 게시글이 폭발적으로 생성됐다. 한 달이 넘도록 지속된 이 운동은 언론의 주목을 받으며 팬덤 바깥으로 옮겨갔다. 같은 해 7월 6일, 방탄소년단의 소속사 빅히트엔터테인먼트는 "방탄소년단의 가사와 SNS 콘텐츠로 인해 불편함을 느끼신 모든 분들과 팬 여러분들께 매우 죄송스럽게 생각한다"며 이러한 문제점을 차후 창작 활동에 참고하겠다는 입장을 밝혔다. 팬들 사이에서의 해시태그 운동이 한 기업의 공식 사과까지 이끌어낸 것이다.

10~20대 여성이 핵심 사용자로 간주되는 트위터에서 젠더 담론의 확산은 어쩌면 매우 당연한 일이다. 사실 앞서 제시한 방탄소년단 공론화 사례도 여성 혐오라는 이슈를 다루고 있다는 점에서 여

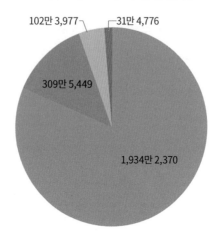

■ 트위터 ■ 블로그 ■ 인스타그램 ■ 커뮤니티

102만 3,977

31만 4,776

309만 5,449

1,934만 2,370

• 분석기간: 2018.01.01~2018.12.31
자료: 타파크로스 TrendUp V4

성 운동의 성격을 띤다. 2018년 한 해 동안 소셜 미디어상 '여성' 관련 언급은 2,377만 6,572건을 기록했는데, 그중 트위터 채널의 언급량이 1,934만 2,370건으로 전체 82%를 차지했다. 이밖에, '성폭력', '미투 운동', '불법 촬영', '성차별', '성 소수자' 등 다양한 여성 및 젠더 관련 이슈가 주로 트위터 채널에서 전개되고 있다.

여성 이슈에 대한 지대한 관심은 자연스럽게 정치적 혹은 사회 참여의 형태로 확대된다. 그리고 이는 주로 해시태그라는 유용한 도구를 기반으로 한다. 해시태그는 개별 발화를 하나의 공통된 주제로 묶을 뿐 아니라, 소셜 미디어상의 파편화된 개인들을 정서적으로 연결하는 역할을 한다. 이 정서적 연결성은 트위터 사용자들에 의해 '연대'라는 말로 표현된다.

사전적 의미에서 연대란 사회나 집단에서 나타나는 통합의 상태를 뜻한다. 본래 연대는 혈족 관계나 공통된 이해관계를 가진 사람들 간에 형성되던 것이었다. 그러나 소셜 미디어가 사회적 공론장으로서 기능하는 21세기 현대 사회에서는 해시태그가 그 연대를 이끌고 있다. 특정 사건이 발생하면 트위터에서 해시태그를 통해 공론화가되고, 이러한 이슈가 사회적으로 큰 반향을 일으킨다.

오늘날 여성들은 트위터를 통해 강력한 메시지 생산자로서 그 역할을 톡톡히 수행하고 있다. 핵심은 파급력이 강한 트위터라는 채널을 주로 여성들이 많이 사용하게 됐다는 사실이다. 이러한 무기를 얻게 되면서 여성들은 더 강하게 응집할 수 있게 됐다.

캡틴 마블: 우주를 구한, 전혀 다른 여성 캐릭터의 등장

최근, 마블 '어벤져스' 시리즈에 새로운 여성 히어로가 등장했다. 그것도 MCU(마블시네마틱유니버스) 최초의 여성 단독 주연 영화로 말이다. 주인공은 바로 온 우주의 위험과 맞서는 히어로, '캡틴 마블'이다.

캡틴 마블은 방대한 활동 반경에 걸맞게 히어로 중에서도 손에 꼽힐 만한 강력한 힘을 가지고 있다. 섹시미가 부각됐던 DC코믹스 초대 여성 히어로 '원더우먼'과 달리, 노출이 없는 의상을 착용하고 있으며 표정이나 몸짓으로 섹슈얼한 분위기를 내려 애쓰지 않는다. 게다가 영화 속 스토리마저 남성들의 억압 속에 자신의 힘을 봉인하고 살다 마침내 최강의 전사로 거듭난다는 설정이다. 기존에 없던 주체적 여성 히어로가 등장했고, 이는 근래 엔터테인먼트 산업에 부는 페미니즘 열풍과 무관하지 않다. 영화에서 캡틴 마블 역을 연기한 배우 브리 라슨은 영화 〈캡틴 마블〉을 "위대한 페미니스트 영화"라 평하기도 했다. 물론 이 '페미니즘적'인 특성으로 인해 영화에 반감을 보이는 이들도 있었지만, 〈캡틴 마블〉은 개봉 당시 역대 월드 와이드 오프닝 6위, 역대 MCU 월드와이드 오프닝 2위, 역대 MCU 솔로영화 월드 와이드 오프닝 1위를 기록하며 흥행에 성공했다.

이러한 트렌드 속에서 최근 영화에 등장하는 수동적이고 정형화된 여성 캐릭터에 비판이 가해지기 시작했다. 디즈니 애니메이션 속 인물들도 예외는 아니었다. 한 헐리우드 여성 배우는 인터뷰에서 세 살배기 딸에게 디즈니의 애니메이션 영화 〈백설공주〉와 〈인어공주〉를 보여주지 않는다고 고백했다. 〈신데렐라〉는 '부자 남성이 자신을 구해줄 것을 기다린다'는 점에서, 〈인어공주〉는 '남성 때문에 자신의 목소리를 포기한다'는 점에서 아이에게 잘못된 여성상을 심어줄 수 있다는 것이 이유였다.

비판 여론이 확산되자 디즈니도 여자 주인공 캐릭터에 조금씩 변화를 주기 시작했다. 2010년 〈라푼젤〉의 라푼젤, 2012년 〈메리다와 마법의 숲〉의 메리다, 2013년 〈겨울왕국〉의 엘사가 대표적이다. 직접 도둑을 때려잡고 집 밖으로 모험을 떠나는 라푼젤, 드레스와 구두보다 말을 타고 활 쏘는 것을 좋아하는 메리다, 디즈니 공주 최초로 여왕의 자리에 오르는 엘사까지… 위기에 처한 공주와 백마 탄 왕자로 대표되는 디즈니 영화에 남성에게 의존하지 않고 스스로의 힘으로 문제를 해결하는 주체적 여성 캐릭터들이 등장한 것이다.

2019년 5월 개봉한 〈알라딘〉 실사 영화 또한 비슷한 맥락에서 호평을 받았다. 1992년 개봉한 애니메이션 〈알라딘〉과 달리, 2019년의 〈알라딘〉에서는 주인공 알라딘이 아닌 자스민 공주가 극의 중심에 있다. 그녀는 자신을 구속하던 왕국에서 나와 새로운 세상을 만났고, 자신이 왕이 되기로 스스로 결정한다. 이에 더해, "난 울지 않을 거야. 그리고 무너지지 않을 거야. 침묵하지 않겠어"라고 노래한다. 영화 속 자스민의 변화는 여성의 변화를 상징한다.

사회적 지위 향상 필요성에 대한 공감

모든 사람들이 성별에 근거한 차별 없이 평등한 대우를 받아야 한다는 것은 매우 중요한 가치다. 때문에 대부분의 국가가 헌법 또는 기본법에 그 내용을 반영하고 있다. 성 격차 지수* 하위권에 머무는 이슬람 근본주의 국가들도 최근 이러한 움직임을 보이고 있다. 사우디아라비아가 2018년 6월, 여성에 운전면허증 발급을 허용하면서 화제가 되기도 했다. 여성 운전 허용을 축하하는 의미로 사우디아라비아의 공주가 운전대를 잡은 모습이 패션지 〈보그Vogue〉 아라비아 판 표지를 장식하기도 했다.

여성의 사회적 지위가 평등하지 않아서 이에 대한 개선이 이루어져야 한다는 것에는 세계적으로 많은 이들이 공감하고 있다. 이러한 기조는 사회 여러 분야에서 어렵지 않게 확인된다. 다양성을 고려하지 않은 시상으로 '백인 남성들의 축제'라는 비판을 받아온 미국 아카데미상 시상식은 2016년, 아카데미 회원 가운데 여성과 유색인종 비율을 2020년까지 2배 이상 늘리겠다는 내용의 '아카데미 개혁안'

---

* 세계경제포럼(WEF)은 국가별 성별 격차를 수치화해 매년 순위를 발표하고 있다. 경제 참여·기회, 교육 성과, 보건, 정치 권한 4개 부문을 기준으로 하며, 결과값이 0에 가까울수록 불평등하고 1에 가까울수록 평등하다. 2018년 기준 사우디아라비아의 성 격차 지수는 0.59이며, 전체 149개국 중 141위를 기록했다. 참고로, 같은 해 한국의 성 격차 지수는 0.657로 115위다.

▶ 아카데미상 의원 중 여성 및 유색인종 비중 변화

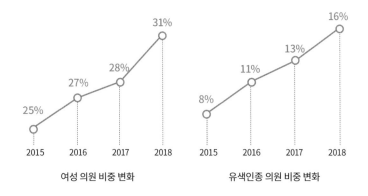

여성 의원 비중 변화   유색인종 의원 비중 변화

자료: Variety

을 발표했다.

　실제로 아카데미상은 2018년, 작품을 선정하고 시상하는 아카데미 위원 중 유색인종 비율을 16%로, 여성 비율을 31%로 높였다. 2015년에는 유색인종 비율이 8%, 여성 비율이 25%였다는 점과 비교하면 매우 큰 변화다.[5] 미국 대중음악 시상식인 그래미상도 투표인단 가운데 여성 및 유색인종의 비율을 늘렸으며, 2019년 시상식에서는 사회자와 오프닝 세리머니 출연자들을 모두 여성으로 배치해 주목을 받았다.

　소수자 운동으로만 여겨지던 페미니즘이 사회의 주된 담론으로 등장하며, 오늘의 여성들은 그 어느 때보다 적극적으로 자신들의 목소리를 내고 있다. 성폭력 피해자들은 자신의 아픈 경험을 꺼내 놓았고, 여성들의 주도 하에 성 차별에 대항하는 집단 시위 행동에 나섰다. 지금 이 순간에도 여성 이슈에 대한 언급은 끊이지 않는다. 여성들은 온라인상의 연대로 여성 이슈 확산에 앞장선다. 전에 없던 주체적 여성 히어로가 탄생했고, 백마 탄 왕자를 기다리던 공주는 자신을 가두던 성 밖으로 뛰쳐나왔다. 세상은 지금 여성 위주로 변화하고 있다.

02
그녀들이 움직이는
거대한 경제 생태계

미국 여성은 1년에 5조 달러를 쓴다

닐슨의 조사에 따르면, 미국 여성의 구매력은 연간 5조 달러에서 15조 달러에 이른다. 게다가 이는 꾸준한 성장세를 보이고 있는데, 글로벌 커뮤니케이션 자문사 플레시먼힐러드Fleishman-Hillard Inc.는 앞으로 10년 내에 여성이 미국 내 소비 3분의 2를 좌우하게 될 것이라 예측했다.[6] 여성 소비의 증가는 여성의 경제력 향상을 기반으로 한다. 미국 여성의 경제활동 참가율은 2017년 기준 67.9%로, OECD 회원국 평균인 64.1%를 웃도는 수준이다. 간단히 하면, 미국 여성 열에

예닐곱 명은 경제 활동에 참여하고 있는 셈이다. 더욱이 어린 자녀를 둔 여성의 경제 활동 참여율은 70%에 이르는데, 이들 중 75%가 전업 노동자다. 그간 18세 미만의 아이를 둔 젊은 엄마들이 전업 가사 노동을 요구 받고, 1975년만 하더라도 이들의 경제 활동 참가율이 절반에 미치지 못했던 점을 고려하면 이는 매우 커다란 변화다.[7] 2017년 기준, 만 16세 이상 미국 여성 노동인구의 평균 임금은 약 4만 달러로 10년 전에 비해 약 8,000달러 상승한 것으로 집계됐다. 남성 노동자 수익 대비 여성 노동자 수익의 비중도 지속적으로 증가하고 있다.[8]

경제력 향상과 더불어, 여성의 지위와 사회적 영향력 향상도 여성 소비 증가의 주요한 배경이 됐다. 조사에 따르면, 미국 학사 학위 수여자의 57%, 석사 학위 수여자의 59%, 박사 학위 수여자의 53%가 여성인 것으로 확인됐다.[9] 기업 관리직 혹은 전문직 종사자의 52%가 여성이며, 미국 기업의 39%는 여성의 소유다. 또한, 〈포브스〉지 선정 '세계에서 가장 영향력 있는 100명의 여성' 중 미국 여성이 47명 포함되었다는 사실이 미국 여성의 높은 사회적 영향력을 가늠하게 한다.

미국 사회에서 여성은 독립적인 소비 주체로 거듭났고, 여성의 이름으로 신용카드 발급조차 불가했던 과거는 이제 역사 속으로 사라

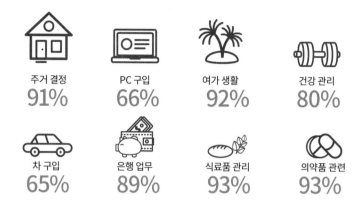

▶ 항목별 여성 소비 비중

주거 결정	PC 구입	여가 생활	건강 관리
91%	66%	92%	80%
차 구입	은행 업무	식료품 관리	의약품 관련
65%	89%	93%	93%

자료: girlpowermarketing.com

졌다. 그리고 대부분의 여성은 식료품, 생필품 등 가정 내 소비재 구매뿐만 아니라, 전통적인 관점에서 남성의 소비로 여기던 집, 자동차, 전자제품, 가구 등 고비용 구매까지 결정하고 있다.

펨테크 기업의 출현

미국에서는 여성 중심 경제로의 전환에 발맞추어 여성 소비자를 타깃으로 하는 상품 및 브랜드들도 증가하고 있다. 몇 년 새 미국 실리콘밸리를 필두로 확산되고 있는 '펨테크Femtech'가 그렇다. 펨테크는 여성을 뜻하는 'Female'과 기술을 뜻하는 'Technology'의 합성어다. 여성의 임신, 출산, 수유 등과 관련된 기술에서 의료, 여성용품, 건강 관리 솔루션 등 여성과 직간접적으로 관련된 모든 분야를 포괄한다.

펨테크 기업의 대표적인 사례가 띵스Thinx다. 띵스는 여성들이 생리 중에 편하게 착용할 수 있는 신소재 팬티를 개발해 판매한다. 생리혈을 흡수하는 특수 소재를 사용하여, 탐폰이나 생리대, 생리컵 등 없이 팬티만 착용할 수 있게 했다. 여성들이 달마다 겪는 생리 중 불편함을 해소하기 위함이다. 여성의 삶에 직접적으로 영향을 주는 중요한 제품인 만큼 고객들이 미리 사용해보고 구매를 결정할 수 있도록 60일 사용 후 환불 서비스 제도도 실시하고 있다.

여성 속옷 브랜드 써드러브ThirdLove는 여성들이 정확한 속옷 사이즈를 찾을 수 있도록 돕는다. 웹페이지에서 약 10분 분량의 설문을 제공하고, 설문 결과에 따라 고객에게 꼭 맞는 사이즈의 속옷을 추천한다. 여성들의 다양한 신체 사이즈를 생각해 기존 브래지어 컵 사이즈인 AA, A, B, C, D 사이즈에 B1/2, C1/2 등의 사이즈를 추가했다.[10]

이 외에도 체외수정, 난자 냉동, 임신 촉진 진료 등의 기술을 제공하는 바이오테크놀로지 기업 프렐루드Prelude, 출산 솔루션 앱 프로기니Progyny, 골반기저근을 강화해 여성 건강에 도움을 주는 특수 기기 엘비Elvie 등 다양한 펨테크 상품 및 기업들이 시장을 주도하고 있

　　　　　　　　　　　　　　　　　　　　　쉬코노미가 온다

다. 2017년 미국의 펨테크 스타트업에 투자한 벤처 캐피탈의 투자금 규모는 3억 5,400만 달러를 기록했고, 2018년에는 무려 4억 달러를 넘어섰다. 스타트업 업계는 펨테크가 미래 성장을 주도할 핵심 영역이라 평가하고 있으며, 펨테크 시장이 2025년에 약 500억 달러 규모로 성장할 것으로 전망했다.[11]

자동차와 스포츠 산업도 여성의 역할 뚜렷

패션 및 화장품 등 일부 분야로 제한되던 여성들의 소비는 다양한 영역으로 확대되고 있다. 심지어 남성 소비자를 타깃으로 한 남성용 제품의 구매도 50%는 여성에 의해 이뤄진다고 하니, 이쯤 되면 여성의 높은 구매력에는 의심의 여지가 없어 보인다.[12]

대표적으로, 자동차 업계가 있다. CDK글로벌의 보고서에 따르면, 자동차 구매자 중 85% 이상이 여성이거나 여성의 영향을 받는다. 특히 이러한 현상은 최근 들어 더욱 두드러지고 있는데, 〈더 월스트리트 저널〉에 따르면 2010년 이후 미국의 여성 운전자 수는 남성 운전자 수보다 많은 것으로 드러났다. 밀레니얼 세대(1980년 초반에서 2000년 초반에 태어난 젊은이들) 자동차 구매자 중 53%가 여성에 해당한다.

변화의 흐름 아래, 많은 자동차 제조사들이 여성 운전자를 위한 상품을 선보이고 있다. 여성이 바라는 이상적인 자동차를 만들겠다는 목적으로, 여성을 차에 타고 내리는 과정에서 들고 다니는 짐을 어디에 둘지, 운전대는 어떻게 잡을지 등 여성의 차량 이용 방식을 분석하여 제작 과정에 반영하는 식이다. 람보르기니와 애스턴 마틴과 같은 슈퍼카 제조사들도 몇 년 전부터 자동차 생산 및 개발에 참여하는 여성 자문단을 구성해 여성들의 니즈를 반영하고 있다.[13]

또한 남성의 전유물로 여겨졌던 스포츠 산업에서도 여성의 입지가 높아지고 있다. 스포츠를 소비하는 여성 소비자의 증가는 물론이고, '여성 스포츠'의 성장세도 뚜렷하다. 여성 스포츠의 성장은 업계에 새로운 기회를 가져올 것으로 평가되며 전 세계 스포츠 산업의 중요한 화두로 떠오르고 있다.

1972년 리처드 닉슨 대통령에 의해 일명 'TITLE IX'법[*]이 제정된 것을 기점으로 여성 체육인의 수는 빠르게 증가해왔다.[14] 2011-2012년도 전미대학체육협회(NCAA) 등록 체육인 가운데 43%가 여성인 것으로 확인됐다. 인원 수로는 약 20만 명에 달한다.[15] 여성 체육인이 증가함에 따라 여성 스포츠도 성장하기 시작했다. 미국, 영

---

[*] 스포츠를 포함한 모든 교육 영역에서 여성들에게 남성들과 동등한 권리를 보장한다는 내용을 담은 법.

국, 프랑스 등 8개국을 대상으로 한 2018년 여성 스포츠 실태 조사에 따르면, 스포츠 팬의 84%가 1개 이상의 여성 스포츠에 관심을 가지고 있는 것으로 나타났다. 그중 여성 응답자가 49%, 남성 응답자가 각각 51%를 차지했다.[16]

타징지 현상:
대륙을 움직이는 중국의 여성 소비

중국에서도 여성의 경제력 및 사회적 지위가 높아짐에 따라 여성 소비를 중심으로 하는 경제가 형성됐다. 이러한 현상을 '타징지她经济'라 일컫는데, 이는 여성을 뜻하는 '타她'와 '경제经济'의 합성어로, 여성 주도 경제를 칭하는 중국의 신조어다.

중국 여성의 사회적 지위는 중화인민공화국 건국 이래 계획경제 시기를 기점으로 크게 상승했다. 마오쩌둥은 "여성은 하늘의 절반이다(半边天)"라는 구호 하에 여성의 노동 활동을 장려했으며, 여성에게 남성과 동등한 정치적 권리를 부여했다.[17] 이는 사실상 여성의 권익을 위한 것이라기보다는 공산당에 의한 정치 동원에 가까웠지만, 그 의도와는 별개로 여성들이 평등 사회의 개념을 내재화하는 기반이 됐다. 여성의 경제 활동 참여가 늘어났고, 여성의 경제력 또한 증대됐다.

중국 여성의 70%가 일한다
미국보다 사회·경제적 지위 높아

세계무역기구(WTO)의 자료에 따르면, 2018년 중국 여성의 노동 참여율은 70%가 넘는 수준으로, 세계 평균인 48.5%, 선진국 평균 69.3%보다도 높다. 높은 경제활동참가율뿐 아니라 성별에 따른 임금의 차이도 적은 편이다.

중국 모바일 구인구직 플랫폼 보스즈핀BOSS直聘이 2019년 발표한 자료에 따르면, 2018년 중국 여성 평균 월급은 6,497위안이다. 이는 남성 평균 월급의 78.3%에 해당하는 금액이지만, 여성 평균 근로시간이 주당 47시간으로 남성보다 4.3시간 적다는 점을 감안하면 중국 여성과 남성 간 임금 격차는 그리 크지 않은 셈이다.[18] 또한 중국 여성들은 서구 문화권 여성에 비해 그들의 경제적 지위에 더욱 높은 만족도를 보이는 것으로 나타났다. 보스턴컨설팅그룹의 조사에 따르면, 중국 여성의 88%가 자신의 현재 경제적 위치에 대해 안정을 느끼고 있는데, 이는 미국 여성의 경우(62%)보다 훨씬 높은 수준이다.[19]

최근 중국 최대 증권회사인 국태군안증권(Guotai Junan-Securities)은 중국 여성 소비 시장 규모가 지난 5년간 81% 성장해 6,700억 달러 수준에 이르렀다고 밝혔다. 지난 2015년 2조 5,000억 위안에서 2019년 4조 5,000억 위안으로, 10년 후에는 18조 위안에 이르게 될 것으로 전망했다.[20] 한편, 전문가들은 이러한 여성의 경제력 향상이 중국 전자상거래 시장 성장과 밀접한 관련이 있다고 이야기한다. 그도 그럴 것이, 중국 온라인 유통기업 알리바바에서 이뤄지는 구매의 70%가 중국 여성에 의한 것이기 때문이다. 중국 전체 모바일 쇼핑 이용 실태를 보아도 여성 소비자가 70%에 달하며, 전체 온라인 소비에서도 여성 소비자가 차지하는 비중이 54%로 남성보다 높다.[21]

중국 전자상거래 시장과 여성의 연관성을 이야기하자면, 왕홍에 대한 언급을 하지 않을 수 없다. 왕홍网红은 '왕뤄홍런网络红人'의 줄임말로, 인터넷상의 유명인을 의미한다. 중국 SNS상에서 최소 50만 명 이상의 팬을 보유한 경우를 가리키는데, 국내에 흔히 알려진 '파워 블로거'나 '유튜버', '인플루언서' 개념과 유사하지만 통상적으로는 팬들과 실시간으로 소통한다는 측면에서 독특한 특징을 보인다.

중국 내 생방송 플랫폼은 알리바바의 '타오바오', '샤오홍슈' 등 무려 200개가 넘는 것으로 알려져 있다. 최근 중국 시장에서는 이들 왕홍의 영향력이 날로 높아지고 있다. 중국 시장조사기관 아이루이왕에 따르면, 2018년 기준 이들의 전체 팔로워 수는 6억 명을 넘겼다. 특히 타오바오 구매 프로그램에 참여하고 있는 2만여 명의 왕홍들은 지난해 한화 약 17조 원에 해당하는 1,000억 위안의 거래액을

달성한 것으로 알려졌다.[22]

흥미로운 점은 타오바오 기준 월 수익 100만 위안(한화 약 1억 6,000만 원) 이상을 버는 상위 왕홍 100여 명 중 대부분이 여성으로 나타났다는 사실이다. 이는 여성이 실시간 소통 면에서 더욱 탁월한 능력을 보이기 때문인 것으로 분석되고 있다.

중국 시장에서는 몇 년 전부터 왕홍을 통한 판매가 흔히 이루어지고 있다. 왕홍의 수가 급증하고 관련 시장이 성장함에 따라 왕홍을 관리하는 매니지먼트사도 생겨났다. 최근에는 국내 면세점 업계에서도 왕홍을 활용한 마케팅을 펼치고 있다. 면세점 전체 매출의 70~80%를 차지하는 중국인 고객을 잡기 위함이다.

2016년 갤러리아 면세점은 중국 왕홍을 상대로 일주일간 주급 2만 달러를 지급하는 서울 투어 가이드 모집 이벤트를 진행했다. 선정된 투어 가이드 3인은 갤러리아 면세점을 비롯해 63빌딩, 노량진 수산시장, 국회의사당 등 여의도 일대 관광 명소를 체험했고, 그 과정을 개인 SNS 채널에 공개했다. 이들이 공유한 콘텐츠는 일주일간 누적 조회수 1,300만을 기록하며 중국 내 왕홍의 영향력을 입증했다. 실제 갤러리아 면세점은 해당 행사를 통해 톡톡한 홍보 효과를 거뒀다. 갤러리아 면세점에 따르면, 왕홍 마케팅 시행 이후 중국 포털 사이트 내 '갤러리아 면세점' 검색량이 일평균 829% 증가했고, 해당 기간 갤러리아 면세점 공식 웨이보 계정의 팔로워 수가 11만 명, 국내 홈페이지 유입 역시 600% 이상 증가했다.[23]

여성 중심 소비 경제는 중국 시장을 설명하는 주요한 키워드 가운데 하나이다. 그리고 세계 인구의 5분의 1을 차지하는 인구 대국답게 중국의 타징지는 세계 시장에도 막대한 영향을 주고 있다. 글로벌 경영 컨설팅업체 맥킨지가 발표한 〈2019년 중국 럭셔리 시장 보고서〉에 따르면, 지난해 중국 소비자들이 명품 구입에 쓴 돈은 약 7,700억 위안(1,150억 달러)으로, 이는 전 세계 명품 시장 규모(3,850억 달러)의 32%에 달하는 수치다. 이에 더해, 해당 보고서는 중국 소비자의 명품 소비가 더욱 늘어나 2025년에는 세계 시장의 40%에 달할 것으로 예측했다.[24] 럭셔리 시장의 성장은 중국의 여성 소비 증가와 결코 무관하지 않다.

대한민국 쉬코노미의 현주소를 말하다

국내에서도 여성들의 경제적 주체성이 강화되면서, 여성 중심 경제에 대한 주목도가 높아지고 있다. 2018년 여성 월평균 임금은 2008년 대비 약 46% 상승했고 25~39세 1인 청년 가구에서 여성의 월평균 소비지출은 남성보다 약 15만 원 정도 높게 집계되고 있다. 이것은 가계 소비에서도 마찬가지인데, 3040 맞벌이 가구의 경

우 자산 전담 관리 주체의 63.6%가 여성이다.[25]

경제력뿐만 아니라 사회적 지위 또한 나아지고 있다. 2018년 여성들의 대학 진학률은 73.8%로 남성(65.9%) 대비 7.9% 높으며, 공공기관 및 500인 이상 대규모 사업장의 관리자 중 여성 비율은 20.6%로 2008년(12.5%) 대비 8.1%포인트 상승했다.[26]

통상적으로 여성 소비자의 관여도가 높은 것으로 알려진 패션, 코스메틱 산업은 물론이고, 남성 소비가 더욱 지배적이었던 산업에서도 여성 소비가 눈에 띄게 증가하며 시장의 판을 바꾸고 있다. 특히 많이 거론되는 분야는 여행, 스포츠, 자동차다.

여행과 스포츠, 자동차 관련 소비 증가

여행의 경우, 2018년 처음으로 국내 여성 출국자 수가 남성 출국자 수를 앞질렀다. 한국여행업협회가 2018년 3월에 발표한 한국여행산업보고서에 따르면, 2017년 내국인 출국자는 총 2,649만 6,447명으로, 여성이 전체 47%(1,245만 1,481명)를, 남성이 46.7%(1,238만 5,530명)를 각각 차지했다. 여성의 비중이 남성보다 0.3%포인트(6만 5,951명) 높았다. 2016년에는 남성이 여성보다 2.1%포인트(46만 4,714명) 높았다는 점과 대비된다.

이러한 결과에 주요한 역할을 한 연령대는 20대다. 21~30세 연

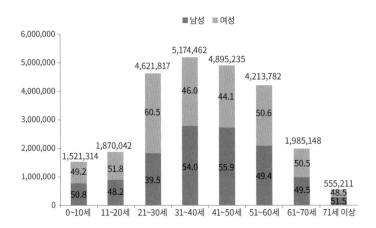

▶ 2017년 내국인 출국자 연령대별 남녀 구성비 비교

■ 남성 ■ 여성

자료: 한국여행협회

령 출국자 중 60.5%가 여성, 39.5%가 남성이었다. 30~40대 집단에서는 여전히 남성 출국자가 여성보다 많게 나타났다. 31~40세의 경우 남성 출국자가 여성 출국자보다 8%, 41~50세에서는 남성 출국자가 여성 출국자보다 11.8% 많았다. 이는 남성 해외 출장자들이 30~40대에 집중되어 있기 때문이다. 해외 출장을 제외한 순수 여행 목적 출국의 경우는 30~40대 역시 여성 비율이 남성보다 높았다. 국내 종합여행사 하나투어에 따르면, 30대 고객 중 여성이 57%, 40대 고객 중 여성 61%를 차지해 두 집단 모두에서 여성 고객이 남성 고객보다 많은 것으로 확인됐다.[27]

이처럼 여행을 즐기는 여성이 증가함에 따라, 여행 업계는 여성 여행자를 겨냥한 상품 출시를 이어가고 있다. 2017년 하나투어는 20~30대 여성들이 50~60대 엄마 세대와 함께하는 해외 여행의 증가 추세에 맞춰 '모녀 여행' 테마 패키지를 출시했다. 해당 상품은 모녀 여행객들에게 선셋 요트 선상 피크닉, 고급 레스토랑에서의 저녁 식사, 시밀러룩 티셔츠, 혼자 남겨진 아빠를 위한 배민찬 반찬배달 서비스 등 일곱 가지 특전을 제공한다.

더불어, 숙박 패키지 상품에서도 여성의 니즈를 반영한 옵션이 많아졌다. 일례로 노보텔 앰배서더 대구는 '걸스나잇 패키지Girls Night Package' 상품을 제공한다. 브라이덜 샤워나 생일, 파자마 파티 등으로 특별한 하루를 즐길 수 있도록 객실과 데코레이션, 와인, 플레이트 등을 제공하는 패키지다.[28]

스포츠 분야에서도 여성의 입지가 두드러지고 있다. 운동하는 여성이 증가하고 있는 것이다. 한국문화관광연구원은 '국민생활체육 참여실태조사'에서 주 1회 이상 운동하는 여성의 비율이 빠르게 증가하고 있음을 밝혔다. 2008년 주 1회 이상 운동하는 여성의 비율은 38.3%로 낮은 수준이었지만, 이는 2012년 들어 40%로, 2016년에는 56.7%로 급성장했다.

이에 여성 스포츠 의류 소비는 이례적으로 높은 성장세를 보이고 있다. 소비 심리가 위축되면서 국내 패션 시장이 저성장 단계에 들어선 것과는 대조적이다. 온라인 쇼핑몰 G마켓은 2017년 4월 8일부터 5월 7일까지의 기간 동안 여성 트레이닝복 상·하의 세트 매출 증가율이 지난해 동기 대비 54% 높아졌다고 밝혔다. 옥션의 경우, 같은 기간 매출 증가율이 178%에 달했다.[29] 미국 시장조사 전문기업 NPD그룹코리아The NPD Group Korea에 따르면, 2013년부터 2017년까지 지난 5년간 국내 트레이닝복 시장은 연평균 18%의 높은 신장률을 기록하고 있다. 특히 여성 스포츠 의류 소비 가운데 20대 여성이 차지하는 소비 비중이 높은 편이다. 품목별로는 레깅스가 10.3%로 증가폭이 가장 높았다. 필라테스, 요가와 같은 운동을 하는 사람이 늘어나면서 운동복에 대한 수요도 함께 증가한 것으로 풀이된다.[30]

기업들도 여성 스포츠 의류에 주목하기 시작했다. 대표적으로 롯데백화점은 2015년부터 여성 스포츠 의류 매장 확장에 나섰다. 2016년 하반기 요가복으로 유명한 브랜드 안다르, 리바디 매장을 열었고, 2017년 매장 개편 당시 아보카도, 씨케이퍼포먼스 등 입점 여성 운동복 브랜드 수는 10개로 늘어났다. 2018년에는 '애슬레저' 전담팀을 신설했으며, 지난 2015년 10개 이하였던 애슬레저 상품군은 배 이상인 24개로 증가했다. 또한 2019년에는 '요가복의 샤넬'이라 불리는 룰루레몬을 들여와 화제가 되기도 했다.

▶ 성별에 따른 1인 청년가구 경상소득 대비 소비지출 비율

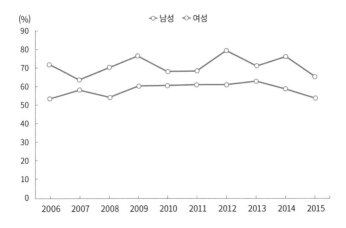

• 주: 1인 청년가구는 가구주의 연령이 25~39세인 1인 가구임.
자료: 통계청

남성들의 전유물이라고 여겨졌던 자동차도 예외는 아니다. 국토
교통부 자동차 등록 통계에 따르면, 전체 자동차 오너 대비 여성 오너
비중이 꾸준히 증가하고 있다. 법인 및 사업자를 제외한 전체 자동차
오너 약 200만 명 가운데 여성 오너는 약 25.39%의 비중을 차지했
다. 2016년 8월 24.38%, 2017년 8월 24.76%, 2018년 8월 25.09%
에서 2019년 25.39%까지 꾸준한 증가 추이를 보이고 있다.[31]

통계청이 발간한 〈2016 한국의 사회동향 보고서〉에 따르면,

25~39세 여성 1인 청년가구의 소비지출*은 평균 약 125만 원이다. 남성의 소비지출인 약 110만 원보다 15만 원이 높다. 이는 소득수준의 차이를 고려하지 않은 절대 지출액으로, 현재 남성의 평균 소득수준이 여성의 평균 소득수준보다 더 높다는 점에서 성별 간 소비지출의 차이는 15만 원 이상이라 볼 수 있다. 실제 1인 여성 청년가구의 경상소득 대비 소비지출 비중은 70.8%였고, 1인 남성 청년가구의 소비지출 비중은 58.2%에 불과했다.

이처럼 여성의 높은 소비율은 꽤 오래전부터 한국 시장에 영향을 미쳐왔다. 지난 10년간 1인 여성 청년가구의 경상소득 대비 소비지출 비중이 남성에 비해 일관되게 높다는 사실이 이를 증명한다.[32] 이러한 여성의 소비력은 사회활동이 활발해지고 여성의 경제적 지위가 향상하면서 더욱 증가할 것으로 전망된다.

• 의식주 등 생계와 관련된 지출과 교통 및 통신, 오락 및 문화, 교육 등과 관련된 지출을 포함.

SHECONOMY

2부

세상을 움직이는
그녀들은 누구인가

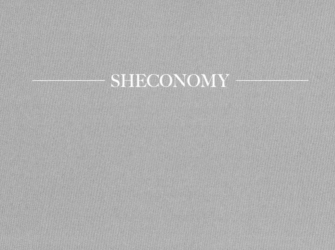

SHECONOMY

01
소비로 존재감을
확인하다

'나를 위한 소비'를 아끼지 않는다

뉴욕을 배경으로 전문직 여성 네 명의 삶과 사랑을 담은 드라마 〈섹스 앤 더 시티Sex and the City〉는 1998년 첫 전파를 탄 뒤 2004년 종영되기까지 200여 개 나라에서 3,900만 명이 시청할 정도로 인기를 모았다. 당시 드라마 주인공들이 입고 먹은 모든 것이 화제가 되며, 전 세계 20~30대 싱글 여성들의 소비 지침서 역할을 해왔다.

국내에서도 젊은 여성들 사이에 자리 잡은 브런치 문화가 이 드라마를 전후로 인기를 끌기 시작했다. 또한 2005년 수입된 구두 브랜드 마놀로블라닉과 지미추는 드라마 덕분에 거의 홍보를 하지 않고

도 널리 입소문이 나며 지금까지도 인기 브랜드로 자리매김하고 있다. 이 드라마의 주인공 캐리(사라 제시카 파커 분)는 월세 낼 돈도 없으면서 명품 구두를 사 모으는 소비 행태를 보인다. "명품 소비를 조장하는 데 대해 거부감이 든다", "여성 주인공을 과도하게 '된장녀'로 그리고 있다"라는 비판도 있지만, 단순히 아끼는 소비보다는 자기 자신을 중심에 둔 가치 있는 소비를 중시하는 행태가 드라마에서 보다 극적이고 과장되게 그려진 것으로 이해해도 좋을 것 같다.

개인의 만족에 초점을 맞춘 캐리식 소비는 최근까지도 이어지고 있다. 최근 주요 트렌드로 떠오른 소확행(소소하지만 확실한 행복), 포미족(가치를 두는 제품에 과감한 투자를 아끼지 않는 사람들), 미코노미(Me+Economy) 트렌드, 스몰럭셔리(저렴한 제품보다 제대로 된 작은 고가 제품 소비)가 모두 이와 관련이 있다.

작은 호사를 누리다

여성들 사이에서 나를 위한 일상의 작은 사치의 공간으로써 호텔이 인기를 끄는 것은 한 예이다. 호텔에 굳이 머물지 않아도, 자신이 좋아하는 고급 디저트나 미용 서비스(네일아트, 미용실), 헬스 등을 즐기기 위해, 다양한 목적을 가지고 호텔을 찾는 이들이 늘고 있는 것이다.

호텔 디저트 뷔페와 고가의 호텔 빙수의 인기는 자기 만족형 소비의 전형이다. 호텔 디저트 뷔페는 딸기 뷔페와 망고 뷔페가 대표적으로, 1인당 4~6만 원대의 고가의 뷔페다. 그러나 20~30대 여성을 중심으로 크게 인기를 끌고 있어, 예약률은 평균 80%에 달한다. 화려한 디저트뿐만 아니라, 라운지의 인테리어와 곳곳에 놓인 포토존 등으로 여성 고객들의 취향을 저격하고 있어, 해당 뷔페에 대한 인증은 매년 SNS의 인기 포스팅을 장악한다. 게다가, 8만 원에 달하는 초고가 빙수도 1일 평균 10그릇 이상 판매되며 '스몰 럭셔리'를 즐기고자

▶ **여성들의 스몰 럭셔리 욕망을 자극하는 딸기 디저트 뷔페**

자료: JW메리어트 동대문 스퀘어 서울

하는 소비자들 사이에 높은 인기를 누리고 있다.

포미족은 미혼 여성에게만 국한되지 않는다. 결혼하고 아이를 낳은 30~40대 여성, 일명 '아줌마'도 트렌드에 민감하고 자신을 가꾸고 계발하는 데 열심이며, 미혼 여성에 못지않은 소비력을 자랑한다. 이들은 '핀셋 소비'를 하는 것이 특징이다. 핀셋 소비는 아이와 나를 중심으로 예전보다 더 구체적이고 실용적인 정보를 찾고 관련 소비를 한다는 의미다.

30~40대 여성들의 포미 소비의 대표적인 예로는 고가의 산후조리원을 들 수 있다. 유명 배우들이 이용한 강남구의 한 산후조리원은 특실과 일반실을 별도로 운영, 특실 이용자와 일반실 이용자가 서로 마주치지 않도록 층을 분리해놓았다. 특실 산모와 신생아에게는 전문 간호사의 1대1 맞춤형 서비스가 제공된다. 3주간의 특실 사용료는 3,900만 원에 달한다. 그런데도 특실은 언제나 예약이 가득 차 있다고 한다. 적지 않은 금액이지만 '평생 한 번' 있는 기회라는 인식 때문에 비용에 대한 저항이 적다.

이처럼 20대에서부터 40대에 이르기까지, 다양한 연령대의 여성 포미족을 겨냥한 상품과 서비스들이 쏟아지고 있다. 여성들의 경제 활동이 증가하고, 자신과 현재를 중시하는 사회 및 경제적 분위기가 조성됨에 따라, 여성들 사이에서 이러한 자기 만족형 소비 트렌드는

쉬코노미가 온다

지속될 것으로 보인다.

여성 인플루언서와 팔로워: 소비로 소통하기

미국의 학자 페이스 팝콘Faith Popcorn은 21세기 트렌드 중 하나로 '이브Eve'와 '진화Evolution'의 합성어인 '이브올루션Eveolution'을 언급한 적이 있다. 이브올루션은 과거 남성들의 억압 속에 있던 여성들이 독자적으로 진화하면서 사회 전반에서 여성이 남성을 압도하는 현상을 말한다. 구매 의사 영향인(Influencer)으로서 여성의 중요성이 점점 커지고 있으며, 이들의 친목 모임과 SNS 활동도 나날이 활발해지고 있는 것이다. 이러한 흐름 속에서 여성들은 '입소문 마케팅의 중심축'이 되고 있다. 이들은 인플루언서가 되기도 하며, 인플루언서를 추종하는 주체가 되기도 한다.

입소문의 핵심, 여성 인플루언서

인플루언서는 '영향력 있는 인사'를 뜻하며, 어느 시대에나 있어왔다. 1세대 온라인 인플루언서의 경우, 오프라인에서 권위와 인지도를 쌓은 유명인사가 온라인상에서도 이슈를 모으는 경우가 많았다. 최근 인플루언서는 그 양상이 크게 달라졌다. 온라인 개인방송이나 SNS 채널이 발달하고 다변화되면서, 대다수의 온라인 인플루언서들은 오프라인보다는 온라인 채널을 중심으로 활동하는 경우가 많다. 또한 인지도나 영향력이 연예인이나 유명인사를 뛰어넘는 경우가 많으며, 발달된 온라인 생태계를 기반으로 이들이 말하고 먹고 입고 행하는 것이 곧 대중들의 트렌드가 되고 있다.

이렇게 되자, 인플루언서를 이용한 마케팅도 한층 더 활발해지고 있다. '인플루언서 마케팅'이란 SNS상에서 수만 명에서 수십만 명의 팔로워를 바탕으로 인플루언서가 직접 마케팅 활동의 주체로 나서는 새로운 마케팅 방식이다. 광고 홍보 기업 나스미디어 자료에 따르면, 인플루언서 마케팅 실행 SNS 채널은 인스타그램 92%, 페이스북 77%, 블로그 71%, 유튜브 42% 순으로 집계된다. 인플루언서 마케팅 적용 예상 1위 SNS로 꼽힌 인스타그램은 주 이용층이 20~30대 여성으로, 특히 20대 여성이 콘텐츠 업로드, 댓글 달기, 정보 검색 등으로 적극적인 활동을 보이는 경향이 있다.

인플루언서 마케팅이 활발해지는 분야로는 패션과 뷰티 업종이 꼽히며, 이로 인해 여성 소비자의 이용이 상대적으로 많은 인스타그램 채널의 활용도가 높은 것으로 분석된다. 여성 소비자를 주요 타깃으로 하기 때문에, 인스타그램 인플루언서의 남녀 비중은 여성이 압도적으로 높다. 게다가 오픈서베이의 조사에 따르면,[33] 인스타그램 이용자 10명 중 7명은 인스타그램을 보고 제품 이용 의향을 느끼고,

그중 61%는 실제 제품을 구매한 경험이 있다고 밝혔다. 인스타그램을 통한 인플루언서 마케팅이 더욱 흥할 수밖에 없는 이유다.

앞서 중국 왕홍(인플루언서)의 어마어마한 영향력에 대해 언급했지만, 국내에서도 이에 못지않은 여성 인플루언서들이 SNS를 통한 솔직한 후기로 소비자들을 공략하고, 기업들과의 협업 프로젝트에서 큰 히트를 기록하는 경우가 많다.

유튜브 등 동영상 채널을 중심으로 활동하는 유명 뷰티 인플루언서들은 유튜브 광고비 외에 업체들의 화장품 협찬, 홍보 활동을 통해 막대한 이익을 창출하고 있다. 이들의 입김이 워낙 막강해서 유력 화장품 업체들은 이러한 뷰티 인플루언서를 관리하는 직원을 따로 둘 정도다. 화장품 기업들은 전담 직원을 통한 인플루언서 관리를 통해 신제품이 나왔을 때나 특정 이벤트가 있을 때, 이들 뷰티 인플루언서를 마케팅 채널로 활용하는 경우가 많다.

실제로, 인플루언서들과 협업해 제작된 한 브랜드의 립스틱은 인플루언서들의 메이크업 동영상에 소개되면서 1차 생산량이 모두 매진되기도 했다. GS리테일이 운영하는 드러그스토어 브랜드 랄라블라는 지난해 11월 SNS 유명 뷰티 인플루언서 김수미 대표가 운영하는 화장품 브랜드 '유이라EUYIRA'의 제품을 판매하기 시작했다. 유이라의 '씨더매직 톤업크림'은 랄라블라 전 매장에서 품절 사태를 빚으며 판매액 기준 1위를 달성, 목표 대비 200%를 넘는 판매량을 기록한 바 있다.

국내 주요 유통업체들도 인플루언서와의 협업을 늘려가는 추세다. 롯데백화점은 2017년 12월 명동 본점에 여성 의류 브랜드숍 '아미마켓'을 열었다. 아미마켓은 개장 당시 '바이미나', '에스실', '컬러풀디엔에이' 등 3만 명 이상의 팔로워를 가진 인플루언서들의 브랜드로 마켓을 열었으며, 현재까지 34개의 인플루언서 브랜드를 선보인 바 있다. 롯데백화점 관계자는 "팔로워 수 1만 명 이상인 인플루언서 브랜드 편집 매장을 더욱 확대할 예정"이라고 언급했다. 또한, 신세계백화점의 화장품 편집숍 '시코르'는 2018년 3월 뷰티 유튜버 이사배를 초청해 메이크업 쇼를 하고 이를 페이스북 공식 계정을 통해 생중계하기도 했다.

열렬히 빠져들지만, 때로 무섭게 돌아서는
여성 팔로워들의 이유 있는 까다로움

그러나, 인플루언서 마케팅이 언제나 성공하는 것은 아니다. 대표적인 사례가 2019년 4월에 발생한 임블리 쇼핑몰의 호박즙 논란이다.

인스타그램 등을 통해 패션·뷰티 인플루언서로 국내에서 큰 인지도를 가지고 있는 임블리(본명 임지현)가 운영하던 쇼핑몰에서 호박즙 곰팡이 논란이 일어났다. 당시 곰팡이로 보이는 이물질이 발견돼 이를 대응하는 과정에서 대처가 미흡해 논란이 일었으며, 이어 화장품 위생 문제와 명품 카피 등의 논란이 연이어 터지며 위기관리에 한계를 보인 것이다. 특히 임블리 쇼핑몰은 다른 어느 곳보다 '임블리'라는 인플루언서 마케팅에 힘입어 급속히 성장한 회사였기에, 회사를 대표하는 인플루언서의 이미지에 균열이 생기자 이는 곧장 회사 매출에 직접적인 타격으로 이어졌다. 이 같은 임블리 사태는 인플루언서 마케팅의 명과 암을 되돌아보는 계기가 되었다.

소비자들은 인플루언서들이 적극적으로 추천한 제품이 소비자가 요구하는 품질과 서비스 수준에 미치지 못하는 경우 매우 큰 배신감을 느낀다. 알고 보니 실생활에서 자신이 홍보하는 제품보다 고가의 타사 제품을 즐겨 애용하는 모습을 보이는 경우에도 마찬가지다. 이는 소비자들이 인플루언서에게 기대하는 바가 소통과 믿음이라는 가치에 있기 때문이다.

인플루언서의 매력은 유명 연예인에게서는 접하기 힘든 솔직함과 소통, 일상생활을 친근하게 공유한다는 것에서 비롯된다. 이를 통해 인플루언서와 팔로워는 단단한 신뢰를 구축한다. 이것이 훼손되면 크게 실망하게 되는 것이다. 실제로, 임블리 쇼핑몰의 화장품 브랜드

'블리블리'의 매출은 곰팡이 호박즙 논란 이후 약 한 달 만에 평균 60~70% 이상의 큰 매출 타격을 입은 것으로 전해진다.

유통업계 관계자들에 의하면 인플루언서들은 10대부터 30대까지 여성 소비자들을 중심으로 전폭적인 지지를 받고 있으며, 이로 인해 브랜드 인지도나 매출을 높이는 데 효과가 큰 것으로 조사된다. 소통을 중시하는 여성 소비자를 대상으로 하기 때문에 그 효과는 배가 된다. 투자비용 대비 높은 마케팅 효과를 내고 있기 때문에 앞으로도 여성 관련 시장에서 인플루언서의 영향력은 점점 커질 것으로 보인다. 이러한 인플루언서 마케팅을 적극적으로 시도하고자 하는 기업이라면 앞선 실패 사례를 눈여겨보며 인플루언서들과 돈독한 관계를 맺고 있는 여성들의 심리와 행동 유형을 주의 깊게 살펴보며 실행할 필요가 있다.

02
여성의 소비는
곧 메시지다

내 영혼을 보낸다:
《82년생 김지영》과 여성을 위한 연대

지난 2018년 11월, 조남주 작가의 소설《82년생 김지영》이 밀리언셀러에 진입했다. 대한민국 성인의 연간 평균 독서량이 10권에 못 미치는 요즘,* 국내 소설로 100만 부가 팔렸다는 것은 매우 놀라운 일이다. 2000년 이후 국내 소설 가운데 100만 부 판매를 기록한 책**은

---

* 문화체육관광부 '2017년 국민독서실태조사'에 따르면, 대한민국 성인의 연 평균 독서량은 8.3권이다.
** 여러 권으로 구성된 대하소설은 제외했다.

▶ 온라인상 도서 《82년생 김지영》 언급량 추이

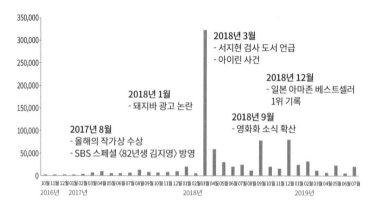

- 분석기간: 2016.10.01~2019.07.30
- 자료: 타파크로스 TrendUp V4

▶ 페미니즘 관련 도서 판매량과 도서 구매자 성별 비율

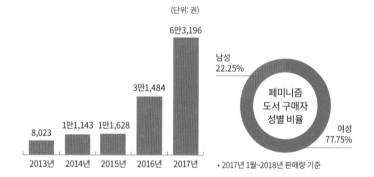

자료: 교보문고

2000년 최인호의 《상도》, 2005년 공지영의 《우리들의 행복한 시간》, 2007년 김훈의 《칼의 노래》, 2009년 신경숙의 《엄마를 부탁해》 다섯 권뿐이다.

잘 알려진 것처럼, 《82년생 김지영》은 학교와 직장에서 받는 성차별, 고용 시장의 불평등, 독박 육아 등 한국 사회에서 여성이 겪는 여러 문제들을 보여주는 책이다. 이 책이 빠른 속도로 밀리언셀러가 된 것은 여성들 사이에서 '페미니즘 입문서'로 입소문을 탔기 때문이다. 《82년생 김지영》이 여성과 관련된 다양한 사회 문제가 발생할 때마다 함께 언급된 것은 이를 증명한다.

소설 《82년생 김지영》의 선풍적인 인기는 영화로 이어졌다. 한국영화진흥위원회에 따르면, 국내에서는 개봉 전 사전 예매율은 50% 이상을 기록했으며 2019년 11월 4주차 기준 360만 명을 돌파하는 등 좋은 반응을 얻고 있다. 관람객 평점 역시 9.20(네이버 영화 기준)대를 얻으며 좋은 평가를 받은 바 있다. 해외에서도 각지 관계자들의 호평 속에 호주, 홍콩, 대만, 필리핀, 싱가포르 등 37개국에 판매되어 전 세계적으로 영화 《82년생 김지영》에 대한 이목이 집중되고 있는 상황이다.

영화를 보고 나서 소설을 읽고 싶어졌다거나, 다시 소설이 보고 싶다는 반응도 줄을 잇고 있다. 실제로, 영화가 개봉한 이후 원작 소설의 판매량도 다시 상승하는 추세다. 온라인 서점 알라딘에서는 《82년생 김지영》이 영화 개봉과 동시에 주간 베스트셀러에 오른 것으로 알려졌으며, 이는 이 책이 2018년 3월 주간 베스트셀러 1위에 오른 이후 1년 7개월 만의 일이다.

영화 〈82년생 김지영〉의 국내 관객 현황을 살펴보면, 여성의 비중이 크게 높은 편이다. 2019년 10월 24일 CGV리서치센터에 따르면 이 영화의 예매 관객의 약 82%가 여성 관객이다. 이 중 20대는 37.7%, 30대는 33%, 40대는 19.1%를 차지하고 있다. 〈82년생 김지영〉을 관람한 여성 관객들의 반응을 살펴보면, '엄마와 다시 와서 보겠다', '혼자 다시 와서 볼 것' 등 N차 관람(여러 번 영화를 보는 것)을 해 이 영화를 지지하겠다는 여성들도 다수 눈에 띈다.

▶ 영화 〈82년생 김지영〉을 애매한 관람객 비중

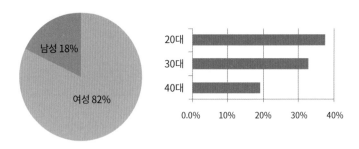

자료: CGV리서치센터

쉬코노미가 온다

영화를 본 이후 여성 관객들의 경험담 고백도 이어지고 있다. 출산, 육아, 가사, 경력 단절, 성차별, 유리천장 등 영화에서 나온 다양한 여성 차별 에피소드가 '내 이야기'라며, 그 어떤 영화보다도 관객의 공감 어린 영화 후기가 줄을 잇고 있는 것이다. '육아를 해본 맘 Mom들은 다들 김지영의 감정을 느낄 것', '남편도 이건 모른다. 이건 경험뿐', '살림과 육아를 반복하는 하루하루를 지내다, 김지영 씨처럼 혼이 탈출하는 일이 반복' 등 다양한 경험담이 봇물을 이루며 우리 사회 속에 수많은 김지영들이 살아가고 있음을 확인할 수 있다.

영화 속에서는 시어머니가 김지영에게 사은품으로 받은 앞치마를 선물로 내미는 에피소드가 등장하는데, 이 에피소드는 영화를 위해 창작된 에피소드가 아닌 실제 사례에서 따온 에피소드라고 한다. 영화 〈82년생 김지영〉의 김도영 감독은 "앞치마 이야기는 (투자·배급사) 롯데엔터테인먼트 ○○○팀에 있는 분의 실제 경험담을 영화 속에 담은 것"이라고 말했다. 영화 제작진과 더불어, 영화를 본 여성 관객들은 세대를 불문하고 서로의 경험담을 통해 위로를 나누고 연대를 이루고 있었다.

여성의, 여성에 의한, 여성을 위한 소비

이렇게 현재 대한민국에서는 페미니즘 자체만이 아니라 이에 기반한 소비도 점점 힘을 얻고 있다.《82년생 김지영》이후에 여성 관련 서적이 쏟아지고 있고, 매출도 큰 폭으로 증가하고 있는 것이 그 예다. 페미니즘 관련 도서 구매자는 대부분 여성으로 전체의 77.3%를 차지하고 있으며, 연령별로는 20대 여성(38.89%)이 가장 많이 구매한 것으로 나타났다. 이는 20대 여성 2명 중 1명은 스스로를 페미니스트라 여긴다는 한국여성정책연구원의 조사* 결과와 같다.

'영혼 보내기' 운동을 들어본 적이 있는가? 최근 벌어지고 있는 이 '영혼 보내기' 운동도 페미니즘 소비의 연장선이다. '영혼 보내기'란 '몸은 가지 못하지만 대신 영혼을 보낸다'는 뜻으로, 영화 티켓을 구매하고 영화관에는 나타나지 않는 행위를 말한다. 영화를 볼 여건이 되지 않거나 이미 영화를 관람한 관객들이 영화의 흥행을 위해 추진하는 일종의 소비자 운동이다.

이 독특한 운동은 2018년 개봉한 영화 〈미쓰백〉을 계기로 시작됐다. 영화 〈미쓰백〉은 개봉 소식이 전해지자마자 여성 관객들의 이목

* 한국여성정책연구원은 전국 만 19~29세 남녀를 대상으로 2018년 7월과 11월에 설문조사를 실시했다. 이 조사에 따르면 '자신을 페미니스트라고 생각하십니까'라는 질문에 '페미니스트다'라고 응답한 여성은 7월에 48.9%, 11월에 42.7%로 집계됐다. 남성은 7월에 14.6%, 11월에 10.3%가 '자신은 페미니스트다'라고 답했다. 이 설문조사는 전화조사를 통해 이뤄졌으며 7월에는 1,004명, 11월에는 1,015명이 참여했고, 95% 신뢰 수준에 표본오차는 ±3.1%포인트다.

을 사로잡았다. 가정 폭력이라는 소재를 다루고 있는 데다 여성 감독이 연출하고 여성 배우가 주연을 맡았다는 점에서다. 이에 더해, 여성 중심 영화라는 이유로 개봉에 어려움이 있었다는 비하인드 스토리가 전해지면서 영화를 응원하고 지지하는 여론이 더욱 확산됐다.

그러나 개봉 전부터 지속된 응원과 일부 네티즌들의 자발적인 홍보 활동에도 영화 〈미쓰백〉은 저조한 성적을 보였고, 일부 여성 관객들은 직접적인 응원에 나서기 시작했다. 트위터 이용자들은 "미쓰백 관람이 어려우시다면 표만 구매해주시는 것도 좋습니다. 예매만 하신다면 조조를 예매하는 방법도 있고, 우대로 선택해서 예매하는 방법도 있습니다" 등의 게시글을 올리며 영혼 보내기 운동을 시작했고, 온라인상에서 많은 지지를 받게 되었다. 목표는 손익분기점 달성이었다. 여성들은 영화가 손익분기점을 넘기고 흥행에 성공한다면 이후 더 많은 여성 중심 서사의 영화가 나올 수 있다고 판단했기 때문이다. 여성 소비자들은 지인에게 티켓을 선물하거나 상영관을 통째로 빌려 단체 관람을 추진하기도 했다. 이들은 영화 〈미쓰백〉의 흥행을 위해 결집했고, 자신들을 '쓰백러'라 칭하며 연대했다.

영화 〈미쓰백〉이 개봉한 2018년 10월부터 12월까지, 3개월간 온라인상 언급량은 25만 5,285건이었는데, 1,600만 관객을 기록한 영화 〈극한직업〉의 개봉 후, 3개월 치 언급량이 34만 6,962건이라는

▶ 〈미쓰백〉 연관어(좌)와 〈극한직업〉 연관어(우)

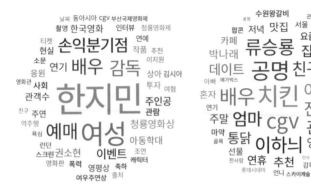

• 분석기간: 〈미쓰백〉 2018.10.01~2018.12.31, 〈극한직업〉 2019.01.01~2019.03.31
자료: 타파크로스 TrendUp V4

것과 비교해보면 놀라운 수준이다. 담론의 내용도 다른 영화들과 달랐다. 〈미쓰백〉에 대한 상위 연관어에 '손익분기점', '관객 수', '역주행' 등 흥행 성적과 관련한 키워드들이 다수 등장했다. 이는 온라인상에서 관객 수 및 손익분기점이 넘었다는 소식이 지속적으로 공유된 것을 증명한다. 영화와 관련해 일반적으로 많이 언급되는 '데이트', '주말', '가족', '친구', '맛집' 등 일상 키워드들은 나타나지 않은 것도 주목할 만한 점이다.

이처럼 '쓰백러'들이 활약한 덕에, 영화 〈미쓰백〉은 예매율 순위 역주행을 기록하더니 개봉 23일 만에 누적 관객 수 70만 명을 돌파

쉬코노미가 온다

해 손익분기점을 넘겼다. 이후, 유관순 열사의 삶을 그린 영화 〈항거: 유관순 이야기〉나 여성 경찰의 활약을 보여준 〈걸캅스〉도 영혼 보내기 운동의 대상이 됐다.

"영화 개봉부터 손익분기점 넘기까지, 그리고 줄줄이 이어진 시상식 순간들이 주마등처럼 스쳐지난다ㅜㅜ"
– 트위터 中

영혼 보내기 운동은 여성들이 단순히 상품을 구매하는 것에서 나아가 지지와 응원의 측면에서 소비 활동에 참여한다는 사실을 보여준다. 나에게 직접적인 이익이 되지 않아도, 여성 인권이나 여성의 지위 향상에 도움이 되는 일이라면 괜찮다고 여긴다. 그게 곧 여성, 결국에는 나 자신을 위한 소비이기 때문이다.

이 새로운 형태의 소비는 이제 거의 모든 산업에서 발견되고 있다. 여성 소비자들은 여성이 만든 제품이거나 여성이 제공하는 서비스라면, 그게 무엇이든 한 번 더 관심을 가진다. 온라인상에서 여성 생산자나 여성 창작자와 관련된 상품이 특히 더 많은 호감을 사는 이유다.

여성 농민 생산자 협동조합 '언니네텃밭'도 여성 생산자라는 요소로 주목을 받았다. '언니네텃밭'은 총 16명의 여성 농부가 참여하는 협동조합으로, 소규모 다품종 농사로 얻은 질 좋은 농작물을 판매한다. 특히 다양한 채소들을 도시 소비자에게 포장해서 매주 1회 배송하는 서비스를 제공해 인기를 끌고 있다.

'언니네텃밭'이 온라인상에서 크게 화제가 된 것은 지난 2018년 추석을 앞둔 시점이었다. 한 트위터 이용자가 여성 농부가 수확하는 농작물 장터로 '언니네텃밭'을 소개했다. 이름을 걸고 재배하는 농작물이라 믿을 수 있으며, 제품의 질이나 신선도가 뛰어나다는 추천 이유도 덧붙였다. 해당 게시글은 7,907건 리트윗되며 입소문을 타기 시작했다. '언니네텃밭' 언급량은 추천 글이 확산되기 이전인 2018년 1~7월 305건에서 2019년 1~7월 1,289건으로 크게 증가했다.

이처럼 여성 제작자가 만든 영상 콘텐츠, 여성 작가가 그린 그림, 여성 사장님이 운영하는 가게, 여성 기업인이 운영하는 기업 등 여성이 주체가 되는 상품들이 여성들의 연대를 통해 지지를 얻고 있다. 이토록 뜨거운 반응은 창작자가 제공하는 상품에 대한 것이라기보다 상품이 지향하는 '가치'에 대한 것일 가능성이 높다.

페미니즘 단체들이 제작한 상품인 '페미 굿즈Goods' 구매도 이러한 소비의 연장선이다. 페미 굿즈는 주로 텀블벅, 와디즈 등 크라우드 펀딩 플랫폼을 통해 판매된다. 여성단체나 예술가 집단, 뜻을 같이하

쉬코노미가 온다

는 개인 등이 텀블벅 등 크라우드 펀딩 플랫폼에 프로젝트를 공개하면 이에 후원을 하고 제작된 상품을 수령하는 형태다. 이때 돈을 내는 사람은 후원자인 동시에 구매자가 된다는 점이 페미 굿즈 소비의 핵심이다.

미투 운동이 확산되던 시기, 텀블벅에 '#MeToo#WithYou'라는 이름의 프로젝트가 등장했다. 창작자는 미투 운동을 지지한다는 입장에서 해당 프로젝트를 기획했음을 밝히며, 후원금의 60%를 한국성폭력상담센터에 전달할 것이라 약속했다. 후원자에 대한 리워드 상품으로는 'Girl Power' 문구가 새겨진 목걸이, 뱃지, 엽서 등을 구성했다. 놀랍게도 해당 프로젝트는 924명의 후원자로부터 목표 금액의 2,373%에 달하는 1,898만 원의 모금을 기록했다. 혹자는 펀딩에 참여하기보다 해당 금액을 단체에 직접 후원하는 것이 낫지 않은가 생각할지도 모른다. 그러나 이들은 한 번의 펀딩을 통해 기부를 하고, 그 보답으로 상품을 얻으며, 미투 운동 지지자라는 상징성까지 획득한다. 1석 3조의 효과를 마다하지 않을 수 없다.

이렇게 현재 한국 사회의 여성들은 목소리를 높이고 힘을 키우는 하나의 방법으로 여성 소비 운동을 택하고 있다. 자신의 신념을 소비 행위로 표현하는, 이른바 '미닝 아웃Meaning Out' 소비는 페미니즘과 관련해 특히 두드러진다.

내 신념대로 산다:
확장되는 비거니즘과 동물 복지 운동

독일 하인리히 뵐 재단Heinrich Böll Stiftung이 2014년 발간한 보고서에 의하면, 전 세계 채식 인구는 3억 7,500만 명에 달한다. 국가별로는 미국 남성의 4%, 여성의 7%가 채식주의자이며, 유럽에서는 인구의 10%가량이 채식주의자인 것으로 추산됐다. 종교적으로 육식을 금하는 인도의 경우, 무려 전체 인구의 31%가 채식주의자로 분류된다.[34] 관련해, 영국 시사주간지 이코노미스트는 2019년이 '비건Vegan*'의 해가 될 것이라 전망한 바 있으며, 전문가들도 지금의 채식 열풍이 일시적 유행을 넘어 주류 생활 양식으로 자리매김할 것이라 보고 있다.

국내의 상황도 크게 다르지 않다. 한국채식연합에 따르면, 2019년 기준 국내 인구의 약 2%에 해당하는 100~150만 명이 채식을 하고 있는 것으로 집계됐다. 2008년에는 채식 인구가 15만 명

• 채식주의Vegetarianism의 종류는 다양하다. 대표적으로 ▲소·돼지는 먹지 않고 닭이나 오리 등의 가금류는 섭취하는 폴로 베지테리언Pollo Vegetarian ▲육류를 기피하고 생선과 어패류, 우유와 달걀은 먹는 페스코 베지테리언Pesco Vegetarian ▲고기와 생선은 먹지 않지만 우유·달걀 등 동물에서 추출된 음식은 먹는 락토오보 베지테리언Lacto-Ovo Vegetarian ▲고기, 생선, 달걀은 먹지 않고 유제품만 먹는 락토 베지테리언Lacto Vegetarian ▲모든 동물성 식품을 거부하고 순수 채식만 하는 비건 등이 있다.

이었으니, 10년 새 10배나 성장했다. 그중 완전 채식을 하는 비건은 50만 명으로, 전체 채식 인구의 3분의 1을 차지했다.

채식 열풍을 주도하는 것은 주로 20~30대 여성이다. 미국의 경우, 성인 여성과 성인 남성 전체에서 베지테리언 인구가 차지하는 비중이 각각 7%, 4%를 기록해 여성이 남성보다 높은 비중을 보이고 있음이 확인됐다. 독일 비건 인구 중 81%는 여성이었고, 연령대별로는 20~30대가 가장 많았다. 마찬가지로 영국에서도 전체 베지테리언의 63%가 여성, 37%가 남성이었다. 더불어, 전체 베지테리언 인구 42%가 15~24세의 젊은 층인 것으로 나타났다.[35]

▶ **반기별 채식(채식주의) 언급량**

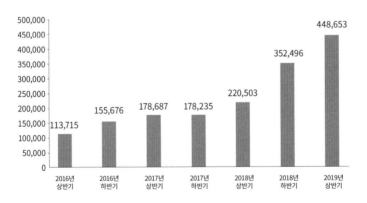

자료: 타파크로스 TrendUp V4

채식 인구가 늘어나면서, 국내 채식 관련 시장도 연간 50% 이상의 급성장을 거듭하며 2조 원대 규모로 커졌다.[36] 콩, 아몬드 등 식물성 원료를 활용한 제품들이 잇따라 출시됐고, 대체육류 시장의 가능성을 내다본 일부 기업은 원천기술 개발에 나서고 있다. '베지노믹스 Vegenomics'라는 신조어도 등장했다. 베지노믹스란 채소Vegetable와 경제Economics를 합한 단어로, 채식과 관련한 경제 활동을 통칭한다.

이를 증명하듯, 온라인상 채식에 대한 관심도는 꾸준히 상승해왔다. 지난 2016년 1월부터 2019년 6월까지의 온라인상 채식 관련 언급량을 반기별로 구분해 살펴본 결과, 2019년 상반기 언급량은 47만 6,791건으로 나타났다. 2016년 상반기 언급량인 11만 3,715건과 비교하면 4배가 넘는 수준이다. 특히 2018년도 상반기에서 2018년도 하반기로 넘어가는 시점에 증가세가 두드러졌다.

라이프스타일이 된 '비거니즘'

이런 채식 열풍과 더불어 비거니즘Veganism이 하나의 라이프스타일로 등장했다. 비거니즘이란 채식과 더불어, 가죽·양모와 같은 동물성 제품의 사용을 피하는 라이프스타일을 의미한다. 여기에는 동물실험을 피한 제품, 동물 복지 인증 제품을 소비하는 것도 포함된다.

동물 실험은 일반적으로 새로운 제품이나 치료법의 효능 및 안전성을 확인하기 위해 이뤄진다. 비거니즘의 확산으로 동물 실험을 반대하는 목소리가 커지자, 많은 기업들이 동물 실험을 제한하기 위한 액션을 취하고 있다.

이러한 경향이 특히 화장품 업계에서 두드러진다는 것도 여성 소비자들이 비거니즘을 주도하고 있다는 것을 입증한다. 영국의 코스메틱 브랜드 러쉬LUSH는 비거니즘 및 동물 실험 반대를 지향하는 기업 중 하나다. 러쉬가 생산하는 제품의 85%는 비건 제품이며, 70% 이상이 화학 보존제를 사용하지 않은 제품이다. 또 창립 때부터 이어진 동물 실험 금지 캠페인을 통해 소비자들에게 동물 실험 반대 기업의 이미지를 확고히 해왔다. 그 결과, 러쉬는 지난 4년간 전 세계 매장에서 연평균 매출 17% 이상, 국내에서는 26% 이상의 높은 성장률을 보이는 기업이 됐다.

자연스럽게 '동물 복지'라는 개념도 주목받게 됐다. '동물 복지'는 동물에게 가해지는 스트레스를 최소화해, 동물의 심리적 행복을 실현하는 것을 의미한다. 국내에서는 2012년 동물 복지 축산농장 인증제도 도입과 함께 활성화되기 시작했다. 동물 복지 기준에 따라 동물을 사육하는 농장을 인증하고, 인증 농장에서 생산되는 축산물에 동물 복지 축산농장 인증 마크를 표시한다.

동물 복지 제품의 중심에는 '동물 복지 계란'이 있다. 농촌진흥청이 2018년 소비자 1,530명을 대상으로 실시한 '동물 복지 계란 인지도 조사'에 따르면, 동물 복지 계란의 인지도는 2017년 26%에서 2018년 46%로 상승했다. 온라인상에도 동물 복지 계란 언급량은 2017년 2,935건에서 2018년 3,670건으로 증가했다. 2019년 9월까지의 언급량은 4,013건을 기록했다.

일반 계란 대비 매출도 증가했다. 롯데마트에 따르면, 2019년 1월부터 6월까지 동물 복지 계란 매출은 전년 동기간 대비 30.4% 증가했다. 일반 계란 매출은 10% 상승에 그쳤다는 점과 대비된다. 한편, 프리미엄 제품의 수요가 상대적으로 높은 백화점의 경우, 같은 기간 동물 복지 계란 매출은 100% 이상의 신장률을 보였다.[37]

동물 복지 계란의 가격은 일반 계란에 비해 두 배 이상 비싸다. 동물들이 편히 생활할 수 있는 환경을 제공하기 위해서는 아무래도 더 넓은 농장과 질 좋은 사료, 꾸준한 관리가 필요하고, 이 모든 것이 높은 비용으로 이어지기 때문이다. 그러나 높은 가격에도 동물 복지 계란에 대한 수요는 점점 늘어나고 있다.

최소 비용으로 최대의 편익을 추구하는 기존의 소비 합리성 개념으로는 결코 이런 현상을 설명할 수 없다. 그렇다고 해서 '기부'나 '자선'의 행위라고 보기도 어렵다. 당연히 타인에 의해 강요되거나 동조되는 부분도 아니다. 소비자들이 두 배의 가격을 지불하는 이유는 그 제품이 소비자들에게 그 만큼의 '가치'를 제공하고 있기 때문이다. 과거에는 그 가치가 제품의 양이나 질, 혹은 브랜드의 평판이었다면, 오늘날의 가치는 '신념'이자 '명분'이다.

03
시장을 바꾸는
그녀들

불매운동:
메시지를 전달하는 강력한 수단이 되다

2017년 11월 3일, 한샘에 재직 중인 여성 직원이 동료 남성 직원에게 성폭행을 당한 사건이 언론을 통해 보도됐다. 사연은 이렇다.

같은 해 1월, 신입 사원인 여성 A씨는 업무 교육을 담당한 사내 교육담당자 남성 B씨에 의해 성폭행을 당한 사실을 신고했다. 경찰은 곧바로 수사에 착수했고, 한샘은 인사위원회를 열어 가해 남성 B씨를 해고했다. 그러나 이에 불복한 B씨가 징계 내용에 대한 재심을 청구하자, 사측이 A씨가 B씨에 대한 형사고소를 취하한 점 등을 고려해 해고 조치를 철회했다. B씨에게는 '정직 3개월'이, 진술 번복을 이유로 피해 여성 A씨에 대해서도 감봉 10%'의 징계가 내려졌다. 이후 A씨가 익명으로 자신의 피해 내용과 회사 측의 미진한 대응을 폭로하면서 한샘 성폭행 이슈는 세간의 화두로 떠올랐다. 회사 인사팀장인 D씨가 사건을 축소하기 위해 A씨에게 허위 진술을 요구한 사실이 드러났다. A씨의 표현에 의하면, "갑자기 인사팀이 개입하더니 강제로 성폭행을 당했지만 처벌은 원치 않는다, 강제 수준은 아니었고 형사 처벌과 회사 징계를 원하지 않는다 등의 가이드라인을 잡아줬다"는 것이다. 게다가 A씨는 D팀장이 이러한 회유 과정에서 자신에게 성폭행을 시도했다고 주장했다. 더불어, 성폭행 사건에 앞서 회사 화장실에서 동료 C씨로부터 몰래 촬영을 당한 적이 있다는 점도 덧붙였다.

이 사건이 발생하자, 한샘에 대한 언급이 온라인을 뒤덮었다. 특히 여성 이용자의 비율이 높은 트위터나 일부 온라인 커뮤니티에서는 회사의 부적절한 대응에 비난이 일며 불매운동의 움직임이 나타났다. 온라인상 '한샘' 언급량은 사건이 알려진 11월 3일에 2만 3,137건, 11월 4일에는 8만 9,965건으로 증가했다. 이는 11월 2일 대비 각각 33배, 132배 증가한 수치다. 부정 반응의 비중 변화도 두드러졌다. 11월 2일 6% 수준에 머물던 부정 반응 비중은 11월 3일에

▶ **온라인상 한샘 언급량 및 긍·부정 비중 추이**

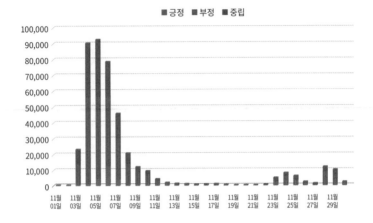

• 분석기간: 2017.11.01~2017.11.30
자료: 타파크로스 TrendUp V4

95%로 껑충 뛰었다. 또한, 한샘 관련 담론도 사건 발생 전, 인테리어, 주방 및 가구 위주에서 성폭행, 피해자 등으로 변화했다.

자발적으로 확산되는 불매

불매운동은 소비자들이 어떠한 목적을 성취하기 위해 특정 제품 혹은 브랜드에 대한 소비를 거부하는 운동이다. 그 목적은 주로 기업의 비윤리적 행위에 대해 항의하거나 기업에 제재를 가함으로써 부당한 행위를 처벌하는 데 있다. 불매운동은 소비자에 의한 적극적이

글자 크기: 언급량

서울
브랜드
리모델링 문의 소통
마감 고객 제품 아파트 교체
식탁
모던 활용
인터넷 거실 주방 공간 조명
도어 작업 구조
구경 현장 현대
현관 분위기
침대 구매
추천 설치 집 가구 상담 스타일
싱크대 매장
디자인 시공 화이트
고급 가격 욕실 포인트
요즘 하우스 붙박이장
화장실 중문

인테리어업체 이케아 조립
고소 동네 현대카드 바스
남양 피해
주방 lg 교육 평생
꽃뱀 여성 가구 몰카
아빠 사과
가해자 회사 불매 한국
성범죄
일룸 구매 사장 부엌
성추행 여직원
강간범 성폭행 출처
운동 성폭력 주가
경찰 피해자 한남 웬만하면
범죄자 신입사원 사회 인사팀
박인호 성희롱 국내브랜드
건자재 인테리어
담당자

• 분석기간(위): 2017.10.01~2017.10.31
• 분석기간(아래): 2017.11.01~2017.11.30
자료: 타파크로스 TrendUp V4

고 구체적인 의사 표현 방식으로, 특히 집단적으로 조직되는 불매운동은 소비자 운동 가운데서도 실질적인 효과를 보이고 있다는 점에 주목할 필요가 있다.

근래의 불매운동은 온라인 환경에서 확산된다는 특징을 가진다. 과거의 불매운동이 환경단체나 시민단체를 중심으로 구성됐다면, 오늘날 불매운동은 자발적으로 모인 일반 시민들의 참여로 이루어진다. 일반 소비자의 참여는 온라인, 그중에서도 소셜 미디어라는 플랫폼 위에서 가능하다. 네트워크로 연결되어 있는 불매운동 참여자들은 시시각각 서로의 의견이나 현재의 상황을 확인한다. 게다가 온라인 공간의 익명성이 더욱 솔직하고 적극적인 의사 표현을 가능케 한다는 점도 온라인 불매운동 활성화에 큰 역할을 했다. 이러한 이유로 온라인에서의 불매운동은 오프라인의 불매운동과 비교해 더욱 자주, 그리고 빠르게 확산된다.

사실 이러한 불매운동은 소비자들이 실제 효과를 체험하면서 더욱 강화됐다. 가장 대표적인 사례가 남양유업 불매운동이다. 2013년 5월, 남양유업이 오랜 기간 대리점을 대상으로 상품을 강매하거나 유통기한이 지난 제품의 처리를 떠넘기는 등 갑질을 행해왔다는 것이 드러났다. 남양유업은 대국민 사과로 대응에 나섰지만, 온라인상의 거센 비난 여론을 잠재우지는 못했다. 오히려 책임을 회피

쉬코노미가 온다

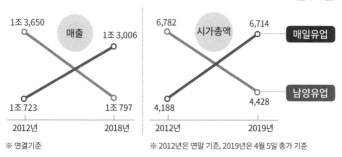

▶ 남양유업과 매일유업 연도별 매출

(단위: 억 원)

	매출			시가총액	
1조 3,650		1조 3,006	6,782		6,714 매일유업
1조 723		1조 797	4,188		4,428 남양유업
2012년		2018년	2012년		2019년

※ 연결기준   ※ 2012년은 연말 기준, 2019년은 4월 5일 종가 기준

자료: 금융감독원

하는 듯한 발언으로 미흡했다는 평가를 받기도 했다. 불매운동이 확산되며 대형마트에서는 남양유업의 유제품 매출이 반토막 났다. 우유 매출은 52%, 커피 매출은 48%나 떨어졌다.[38]

시간이 지남에 따라 불매운동을 촉구하는 움직임은 잦아들었다. 그러나 불매운동이 중단된 것은 아니었다. 소비자들은 로고가 가려진 '숨은 남양' 제품까지 찾아 SNS에 공유했다. 바코드를 입력하면 남양유업 제품인지 아닌지 알려주는 웹 사이트까지 등장했다. 그 결과, 유제품 시장에 지각 변동이 일어났다. 업계 2위를 굳건히 지키던 남양유업이 그 뒤를 맹추격해온 매일유업에게 자리를 빼앗긴 것이다. 매일유업과 남양유업의 연도별 매출 추이를 보면, 2013년에 매일

유업이 남양유업의 매출을 처음으로 앞질렀다. 2013년은 남양유업에 대한 불매운동이 조직되던 때였다. 더불어, 남양유업의 시가총액은 2012년 6,782억 원에서 4,428억 원으로 감소한 반면, 매일유업의 시가총액은 2012년 4,188억 원에서 2019년 6,714억 원으로 증가했다. 남양유업과 매일유업의 사례는 소비자들이 시장의 판을 바꿀 수 있다는 사실을 경험하게 된 중요한 계기가 됐다.

온라인 결집력이 불매운동의 힘으로

앞서 말했듯이, 불매운동이 주로 온라인에서 이루어지면서, 상대적으로 온라인 결집력이 뛰어난 여성들에 의해 더 쉽게 조직되는 경향을 보인다. 또한 불매운동은 실시간성이 강한 트위터 채널에서 주로 확산되는데, 트위터 채널의 핵심 이용자는 젊은 여성이다. 이에 온라인상에서 구성되는 불매운동에 여성 소비자들의 의견이 더 크게 반영되는 것은 어찌 보면 자연스러운 일이다. 이러한 경향성은 온라인상 '불매운동' 언급 양상에서도 드러난다. 2016년부터 2018년까지 3년간 온라인상 '불매운동' 연관어 분석 결과, 가장 많은 빈도로 동반 언급된 키워드는 '여성'이었다. 이외에도 '여혐', '가정폭력', '차별', '성추행' 등 여성 관련 키워드들이 주로 상위에 확인됐다. 이는 불매운동에 미치는 여성의 힘을 증명하는 자료다.

▶ 불매운동 상위 연관어

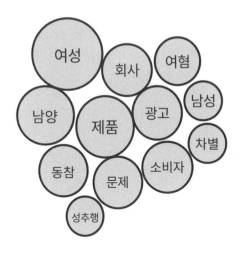

• 분석기간: 2016.01.01~2018.12.31
자료: 타파크로스 TrendUp V4

온라인상의 익명성은 솔직한 표현을 보장하는 한편, 개인의 실체를 화면 뒤에 숨기는 역할을 한다. 사실에 대한 옳고 그름과 관계없이 다수의 의견에 동조되거나 사실 관계 파악 이전에 해당 사안을 기정사실화하는 모습은 온라인상에서 흔히 발견되는 현상이다. 네티즌들 스스로도 이를 인지하고 있어, 개인이 다수에 휩쓸리는 듯한 상황이 발생할 때면 '물 타기', '마녀사냥', '선동' 등의 표현으로 경계심을 드러내기도 한다.

이러한 특성은 불매운동에도 적용된다. 일단 기업이 소비자들의 눈 밖에 나는 순간, 사건의 배경이나 맥락은 중요치 않게 된다. 내가 보고 있는 것이 진실인 것인가 고민할 이유도 없다. 결국 불매운동에 대한 메시지가 있다는 사실 자체가 불매운동에 대한 정당성이 되는 셈이다. 따라서 기업 입장에서는 불매운동이 나타났을 때 이를 해소하기 위해 노력하는 것보다 불매운동 메시지 생성 가능성을 차단하는 것이 더욱 효과적인 불매운동 접근 방식일 수 있다.[39]

사실 개인이 부도덕함을 인식하는 정도가 불매운동 참여를 결정하는 주 요인이 된다고 볼 수 있다. 그리고 어떤 대상이나 행위가 '부도덕하다', '아니다'라고 판단하는 기준은 개인의 배경이나 가치관에 따라 천차만별이다. 같은 행동도 누군가에게는 충분히 용인할 수 있는 정도로 여겨지는 반면, 다른 누군가에게는 결코 용서받지 못할 행동이라 평가될 수 있다.

부도덕성의 인식 정도를 결정하는 다양한 요인 가운데 피해자에 대한 동일시 정도가 있다. 개인이 사건의 피해자 혹은 문제 상황과 얼마만큼 연결되어 있는가, 그 심리적 거리에 따라 부도덕성을 인식하는 수준이 달라진다는 것이다. 최근의 한 연구는 피해자에 대한 동일시 정도가 불매운동 참여 의도에 유의한 영향을 미친다는 점을 밝혀냈다. 소비자들은 자신이 피해자와 같은 문제를 겪을 수 있다고 생각할 때 더욱 불안함을 느끼고, 문제를 수정하기 위한 실천적 참여행동인 불매운동에 나선다.[40] 사실은 굉장히 상식적인 수준의 이야기다. 그게 무엇이든 '남의 일'이 아니라 '내 일'이라고 느낄 때, 우리는 더욱 적극적인 태도를 가지게 된다. 여성 소비자들이 여성 관련 문제에 예민할 수밖에 없는 이유다.

여성 소비자들의 도덕성 잣대는 해당 기업이 기용한 모델에도 적용된다. 2019년 5월, KT가 여성 혐오 방송으로 물의를 빚은 인기 유튜버 '보겸'을 광고 모델로 내세웠다가 불매운동의 타깃이 된 일이 있었다. KT는 지난 5월 9일 공식 유튜브 채널을 통해 보겸을 모델로 한 KT 襪 GiGA'인터넷 광고를 공개했다. 인기 유튜버 보겸이 유튜버로서 성공하기까지의 과정을 인터뷰 형식으로 담은 광고였다. 하지만 보겸이 과거 여성 혐오 콘텐츠를 제작하고, 데이트 폭력 논란을 일으킨 인물이라는 점에서 광고 모델로서는 부적절하다는 지적이 나왔다. 특히 트위터 등 주요 SNS 채널에서는 '#케이티_불매', '#보겸_OUT' 등 해시태그 운동까지 벌어졌다. 네티즌들은 통신사 해지를 인증하는 글을 공유하며 불매운동의 화력을 높여갔고, 결국 KT가 백기 투항했다. KT는 14일, 해당 광고 영상을 삭제하며, "향후 유사한 일이 발생하지 않도록 신중을 기하겠다"는 뜻을 전했다.

이밖에, SKT는 딸과 아들을 구분한 성차별적 문구의 광고 포스터로 불매운동의 대상이 됐고, 쿠팡은 불법촬영용 카메라를 판매했다는 이유로, 배스킨라빈스는 여성 아동을 성적으로 묘사한 광고 기획으로 불매의 대상이 됐다. 일본에 대한 불매운동의 과정에서 불거진 한국콜마 회장에 대한 보이콧도 여혐 관련 발언으로 여성 소비자들의 공분을 산 사건이기도 했다.

이 같은 사례들로 소비자 불매운동이 기업에 일시적인 타격을 주는 것을 넘어 시장의 판을 바꿀 수 있다는 사실을 확인할 수 있다. 이러한 경험을 통해 기업들은 여성 소비자들을 대상으로 어떻게 신뢰를 얻고 기획과 마케팅 전략을 취해야 할 것인지 고민하기 시작했다. 여성에게 불합리한 상황에 대해 여성 소비자들이 더욱 적극적으로 해당 기업에 거부 의사를 표시하기 시작했기 때문이다.

착한 기업 = 여성 친화적 기업

남양유업과 매일유업의 사례에서 시장의 판이 바뀐 계기는 소비자 불매운동이었지만, 매일유업이 업계에서 남양유업보다 우위에 설수 있었던 까닭은 근본적으로는 매일유업이 착한 기업이었기 때문이다.

매일유업은 "이 세상 단 한 명의 아이도 건강한 삶에서 소외되지 않아야 한다"는 고 김복용 창업 회장의 철학에 따라 국내에서 유일하게 선천성 대사이상 환아를 위한 특수분유를 생산하고 있다. 생산

단가가 높아 매년 적자를 기록하면서도 19년째 특수분유 생산을 이어왔다는 사연이 소비자들 사이에서 기업에 대한 재평가를 이끌었다. 이뿐만 아니라 매일유업의 여성 임원 비율이 50%가 넘는다는 사실이 주목을 끌기도 했는데, 이러한 현황은 남양유업의 여성 임원이 회장의 모친 1명으로, 사실상 0명이라는 점과 대비되며 더욱 부각됐다.

최근 소비자들은 착한 기업에 지갑을 연다. 기업의 윤리적 가치와 사회 공헌 활동은 단순히 기업 평판에 대한 플러스 요인이 아니라 소비의 충분 조건이 되는 것이다. 착한 기업의 대명사로 거론되는 '오뚜기'는 온라인상에서 '갓뚜기'라 불리며, 매출 측면에서 승승장구하고 있다.

오뚜기가 착한 기업으로 주목받게 된 것은 창업주인 고 함태호 회장의 별세에 따른 상속세 문제가 알려지면서다. 상속세를 줄이기 위해 꼼수를 부렸다던가 탈세로 재판을 받게 됐다던가 하는 이야기가 아니었다. 함영준 회장이 주식 46만 5,543주를 상속받으며 발생한 1,500억 원대의 상속세를 편법 없이 모두 납부했다는 사실이 화제가 됐다.

사실은 당연한 납세 활동이었지만, 기업의 횡포와 갖은 비리에 익숙해져 있던 소비자들에게 정직한 납세는 곧 선행이었다. 오뚜기는

'갓God뚜기'라는 칭호를 얻게 됐다. 이후 비정규직 직원이 없다는 점, 10여 년째 라면 값을 동결하고 있다는 점, 심장병 어린이 지원 등 꾸준한 선행 활동을 이어오고 있다는 점 등이 알려지며 착한 기업 이미지가 공고해졌다. 온라인상의 2016년부터 2018년까지 '오뚜기' 언급 현황을 분석한 결과도 '회장', '비정규직', '상속세' 등 기업의 윤리 경영과 관련한 언급이 많은 것으로 나타났다.

오뚜기는 2016년 말, 창립 47년 만에 처음으로 2조 원 이상의 매출을 기록했다. 영업이익도 2014년 1,159억 원, 2015년 1,334억 원, 2016년 1,425억 원, 2017년 1,464억 원으로 꾸준히 성장했다.[41] 특히 오뚜기의 주력 시장 중 하나인 라면 시장에서 그 성장세가 뚜렷했다. 시장조사기관 닐슨에 따르면 2018년 상반기, 진라면은 봉지라면 시장 점유율 13.9%를 기록하며 1위 신라면(16.9%)을 바짝 따라잡았다. 한국갤럽의 라면 선호도 조사도 비슷한 결과를 보여준다. 2018년 10월 23일부터 25일까지 전국 성인 1,001명을 대상으로 진행한 조사 결과, 진라면의 선호도는 2013년 5위에서 2018년 2위로 훌쩍 뛰었다. 진라면이 좋다고 대답한 응답자는 2013년 4%에서 4배 가까이 늘어난 14%를 기록했다.[42]

갓뚜기에 대한 사랑은 위기 상황에서도 빛을 발했다. 지난 2019년 1월, 오뚜기의 쫄면 제품 봉지 안에서 흰 면장갑이 발견되고

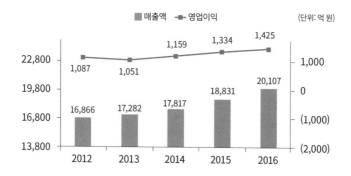

자료: 금융감독원 전자공시시스템

사과문을 발표했을 때, 네티즌들은 "일단 부인부터 하고 보는 일반 기업들과는 다르다"며 오뚜기의 대응 방식을 칭찬하거나, "그래도 오 뚜기 먹는다", "갓뚜기 흥해라" 등 해당 이슈에 크게 개의치 않는 모 습을 보였다. 보통의 경우라면 불매운동이 일었을 만한 이슈였음에 도, 소비자들은 오뚜기의 편에 섰다. 기업이 그간 보여준 행보가 소비 자들의 마음에 신뢰와 믿음을 쌓았기 때문이었다.

착한 기업으로 인정받기 위해서는 다양한 기준이 존재하지만, 여 성 소비자들에게는 여성 임원 비율, 모성 보호 제도 등 여성 직원에 대한 처우 등이 착한 기업을 판별하는 주요 포인트가 된다. 불매운동 이 여성 혐오, 성폭력 등 여성과 관련한 부정 이슈에 의해 촉발되는 것과 동일한 맥락이다. 실제 트위터 채널에는 여성 임원 비율이 50% 이상이거나 여성 CEO에 의해 운영되거나, 여성 복지가 우수한 기업을 칭찬하는 글이 이따금씩 화제가 된다. 여성 이슈와 관련해 긍정적인 평을 받은 기업들을 모아둔 '타래'˙도 있다.

일단 여성친화적 기업이라고 판별이 나면, 해당 기업은 여성 소비자들에게 지지의 대상이 된다. 국내 유명 카페 프렌차이즈인 모 기업은 여성 직원 비율이 80%가 넘고 육아휴직 사용률이 100%에 가깝다는 점에서 소비자들로부터 여성친화 기업 '인증'을 받았다. 여성 소비자들은 해당 기업의 신제품 출시 소식을 공유해 소비를 장려하고, 제품 기프티콘을 선물로 주고받으며 여성친화 기업에 대한 지원을 아끼지 않았다. 게다가 여성친화 기업으로 평가받는 기업에게는 '까방권(까임방지권)'의 특전이 주어진다. 오뚜기가 이물질 혼입 사건을 별 무리 없이 넘길 수 있었던 것처럼, 여성 소비자들은 여성과 관련한 이슈를 제외하고는 웬만한 이슈에는 꼬떡 않고 의리를 지킨다.

˙ 트위터 채널에서 사용되는 말로, 트윗 아래로 길게 이어진 트윗들을 뜻한다. 주로 여러 개의 정보를 하나의 묶음으로 저장하는 데 사용된다.

쉬코노미가 온다

프로슈머? 프로컨슈머!

앨빈 토플러는 1980년 저서 《제3의 물결》에서 21세기 산업사회의 가장 큰 특징 중 하나로 '프로슈머Producer+Consumer'의 등장을 꼽았다. 그리고 그의 예언은 현실이 됐다. 말 그대로 생산자와 소비자 간의 구분이 사라진 것이다. 이제 소비자는 단순히 제품을 구매하는 역할에 그치지 않고, 전문적 지식을 바탕으로 직접 생산에 관여하는 존재로 부상했다. 소비자들은 더 이상 기업에 의해 주어진 상품에 만족하지 않는다. 더 나은 상품을 찾아 움직이며, 마음에 드는 상품이 있다면 기업에 개발과 출시를 적극적으로 요구한다.

최근에는 많은 기업들이 소비자의 아이디어를 제품 개발에 활용하고 있다. SNS에서 크게 화제가 됐던 '전前 남친 토스트'가 그 예다. 내용인즉슨, 한 여성이 전 남자친구가 해준 토스트 맛을 잊지 못해 헤어진 남자친구에게 토스트 레시피를 물어본 것을 게시글로 남긴 것인데, 웃음을 유발하는 전 남친과의 대화 내용이 네티즌들의 시선을 끌었다. 해당 사연은 온라인 커뮤니티를 중심으로 확산됐고, "대체 얼마나 맛있으면 전 남친에게 연락해서 물어볼 정도냐"며 토스트의 맛에 대한 호기심을 불러일으켰다. 결국 네티즌들은 전 남친 토스트 만들기에 도전했고, 온라인 커뮤니티와 SNS상에서는 "연락할 만했다"며 토스트의 맛에 대한 칭찬이 이어졌다.

'전 남친 토스트'에서 아이디어를 얻어, GS25 편의점에서는 크림 치즈와 블루베리 잼을 활용한 샌드위치 신제품 '남자친구 샌드위치'를 출시했고, 제품 출시 소식이 전해진 20일 하루, 온라인상 '남자친구 샌드위치' 키워드는 2,788건의 언급량을 기록하며, 화제를 모았다. 초기에는 '레시피에 저작권이 없다지만 너무한 것 같다'는 비판 여론이 우세했지만, 2019년 4월부터 8월까지 '남자친구 샌드위치'에 대한 소셜 미디어상 긍·부정 반응을 분석한 결과, 83.1%로 긍정 반응이 우세한 것으로 드러났다.

화장품 업계에서 프로슈머 마케팅으로 성공한 브랜드로는 글로시에Glossier를 꼽을 수 있다. 글로시에는 최근 화제가 되고 있는 글로벌 화장품 브랜드 중 하나로, 기업가치는 무려 1.2조 원, 2018년 연 매출은 1,000억 원에 이른다. 해당 브랜드의 성공 비결은 여성들의 담론을 토대로 제품을 만든다는 것이다. 글로시에는 슬랙Slack이라는 온라인 사이트에 글로시에 상위 고객 100명의 사용자를 초대하고, 이들이 슬랙에서 주고받은 대화를 제품 생산에 반영한다. 평범한 소비자에서 주인공이 되어 내가 한 말대로 제품이 만들어지는 과정을 지켜보게 된다면, 해당 브랜드와 제품에 특별한 애착을 가지는 충성 고객이 될 수밖에 없다.

이러한 프로슈머들은 프로컨슈머로 진화하고 있다. 소비자들이

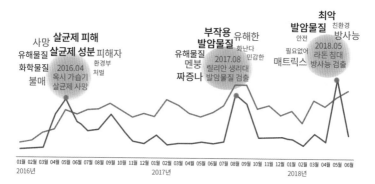

▶ 화학물질 관련 주요 이슈 및 화학물질 관심도

── 화학물질 관련 주요 이슈　── 화학물질에 대한 관심도

사망
유해물질　**살균제 피해**
화학물질　**살균제 성분** 피해자
불매　　　　　　환경부
　　　　　2016.04　처벌
　　　　　옥시 가습기
　　　　　살균제 사망

　　　　　　　　　　　　　　　부작용　유해한
　　　　　　　　　　　　　　　발암물질 화난다
　　　　　　　　　　　유해물질　　　　민감한
　　　　　　　　　　　멘붕　　2017.08　생리대
　　　　　　　　　　　짜증나　릴리안 발암물질 검출

　　　　　　　　　　　　　　　　　　　　　　　최악
　　　　　　　　　　　　　　　　　　　　　　발암물질 친환경
　　　　　　　　　　　　　　　　　　　　　　안전　　방사능
　　　　　　　　　　　　　　　　　　　　필요없어　2018.05
　　　　　　　　　　　　　　　　　　매트릭스　라돈 침대
　　　　　　　　　　　　　　　　　　　　　　방사능 검출

01월 02월 03월 04월 05월 06월 07월 08월 09월 10월 11월 12월 01월 02월 03월 04월 05월 06월 07월 08월 09월 10월 11월 12월 01월 02월 03월 04월 05월 06월
2016년　　　　　　　　　　　　　　　　2017년　　　　　　　　　　　　　　　　2018년

자료: 타파크로스 TrendUp V4

점차 전문성을 추구하고 있다는 의미다. 일례로, 화학물질과 관련한 이슈가 지속적으로 발생해, 생활 속 화학물질, 특히 화장품 성분에 대한 관심이 급증했다. 소비자들은 성분 분석 앱인 '화해'를 통해, 화장품 관련 성분을 꼼꼼히 따지기 시작했고, 화장품 제조사들은 해당 앱에서 거부되는 성분을 배제하고 제품을 만들기 시작했다.

이렇게 여성 소비자들은 제품 생산에도 직접적인 영향을 미치고 있다. 옛말에 '부모 말을 들으면 자다가도 떡이 생긴다'고 했다. 지금은 이렇게 이야기할 수 있을 것 같다. 소비자 말을 들으면 자다가도 돈이 생긴다.

3부

2019년
대한민국 그녀들의
소비를 말하다

SHECONOMY

01
2019년
그녀들의 통장을 비운 것들

그녀들이 소비하는 이유

2019년 대한민국의 여성들은 바쁘다. 직장인들은 회사를 다니고 육아맘들은 아이를 돌본다. 그리고 이 두 가지를 병행하는 경우 이 세상 누구와도 견줄 수 없이 바쁜 삶을 살게 된다. 일분일초가 아까운 여성들은 간편함을 구매의 미덕으로 생각하게 되었다. 이렇게 간편함을 추구하면서도, 구매에서 오는 불확실성을 최대한 줄이고자 노력한다. 식사 대용식을 구매할 때도 성분표와 온라인 구매 후기를 하나씩 따져보며, 화장품과 옷을 구매할 때도 전문 유튜버들의 의견을 종합해본다.

"일어나자마자 뚜껑 돌려서 따주면 아침 끝~! 착하고 심플한 성분에 제 입에도 잘 맞아요. #알레르기 #정보까지 #굿잡"

"아이들이 쓰는 로션, 화장품에 유해 성분이? 발암물질 유발 성분? 가습기 살균제 성분 못지 않은 성분? 다같이 파헤쳐보아요."

"화장품 성분 분석 재미 삼아 해봤다가 제가 쓰는 화장품에도 유해물질 나와서 다 갖다 버렸어요. ㅠㅠㅠ 다들 확인해보고 사용하세요;;"

– 트위터 中

이렇게 그녀들의 라이프스타일이 변화하면서, 실제로 여성 소비자들이 어떠한 상품을 구매하고 인증했는지, 왜 구매했는지를 확인하는 것은 그녀들을 이해하는 데 더욱 중요해졌다. 자동차나 여행, 스포츠와 관련한 여성 소비가 증가하고는 있지만, 2019년 온라인상에서 대한민국 여성들의 구매 인증이 가장 많았던 제품은 여전히 패션, 식음료, 뷰티였다. 이는 2019년 대한민국 여성의 전반적인 상품의 관심도의 비중을 의미한다. 패션에 대한 관심도는 45%, F&B에 대한 관심도는 32%, 뷰티에 대한 관심도는 13%로, 3가지 카테고리의 비중이 약 90%를 차지하고 있다.

그리고, 구매를 결정할 때는 '저렴한', '믿을 수 있는', '고급스러운', '간편한', '착한' 등이 중요시되는 것으로 드러났다. 즉, 저렴하면서도

▶ 여성들의 상품 카테고리 언급 유형

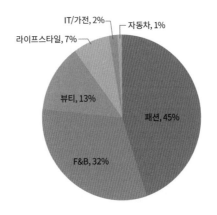

- 분석기간: 2019.01.01~2019.07.31
  자료: 타파크로스 TrendUp V4

▶ 여성들의 구매 결정 요인

글자 크기: 언급량

- 분석기간: 2019.01.01~2019.07.31
  자료: 타파크로스 TrendUp V4

고급스러운 제품을 찾고 있으며, 믿을 수 있고 간편하게 구매할 수 있는 것이 중요하다는 의미다. 또한, '착한' 제품, '착한' 기업 등도 중요시되고 있다. 이는 제품이나 기업이 얼마나 윤리적인지가 중요하다는 것을 증명한다.

"이 제품은 보는 것도 예쁘지만, 직접 차면 디게 고급져 보이더라구요. 저는 싸지만 싼티 안 나는 거 좋아하는데 ㅋㅋ 이게 딱 그렇다는ㅋㅋ"
"직구가 가능해서 훨씬 간편하게 구매했어요. 제가 직구 경험이 없어서 잘 몰랐는데 요즘에는 이런 직구 사이트도 굉장히 많은가봐요. 예전보다 쇼핑하기가 훨씬 편해졌어요."
"핫 신제품 이태리 립밤 벨루토입니다. 착한 기업, 인권보호 기업 제품이죠."
- 트위터 中

패션, 자신의 가치를 표현하는 하나의 수단

옷은 바로 나

2019년, 한국 여성들은 패션과 관련해, 디자인과 스타일에 대해 가장 많이 이야기했다. 2019년 온라인상에서 패션과 관련한 담론의 비중을 살펴본 결과, 디자인 및 스타일이 1위를 차지했고, 2위가 데일리 코디 등의 라이프스타일과 관련한 담론이었다. 다음으로는 연예인이나 인플루언서와 관련된 담론, 그리고 럭셔리 및 프리미엄 제품, 가치 소비와 관련한 담론 순으로 나타났다.

럭셔리 및 프리미엄 제품과 관련한 담론이 4위를 차지한 것은 여성 소비자들이 자신을 위해 과감한 소비를 하고 있다는 것을 증명한다. 고급스러운 패션을 통해 본인들의 정체성과 라이프스타일을 표

▶ **패션 관련 담론 유형**

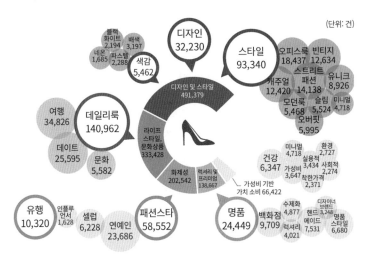

(단위: 건)

• 분석기간: 2019.01.01~2019.07.31
자료: 타파크로스 TrendUp V4

현하고 있는 것이다. 실제로 패션 업계의 불황에도 불구하고 명품과 관련한 소비는 꾸준히 성장하고 있다. 유로모니터에 의하면 2015년 한국 여성들에 의한 럭셔리 시장 규모는 약 8조 6,720억 원이며 2020년에는 10억 6,600억 원으로 약 4.2%가량 성장할 것으로 예상하고 있다. 명품 시장의 지속성은 2019년 백화점 업계에도 영향을 주고 있다. 명품 매출이 백화점의 전체 수익성을 견인하게 되면서 다양한 럭셔리 브랜드를 유치하기 위한 경쟁이 심화되고 있다.

나를 위한 전문가의 조언

이러한 명품 소비 외에도, 2019년 여성의 패션 소비와 관련해서 주목할 점은 인플루언서의 영향력이 커지고 있다는 것이다. 단순히 유명 연예인이나 셀럽의 영향력보다는 전문 지식을 지닌 인플루언서들의 영향력이 증가하고 있는 것이 주요 특징이다. 이는 여성 소비자들의 패션에 대해 전문 지식을 갖추고자 하는 욕구가 상승하고 있기 때문이다.

2019년 여성 소비자들에게 많은 사랑을 받은 패션 유튜버의 다수가 패션 업계 종사자라는 것은 이를 증명한다. 국내 최초 패션 유튜버로 불리는 '한별'은 패션 전공자이며 자신만의 액세서리 라인을 론칭할 수 있을 정도의 실력을 갖추고 있다. '슈스스TV'와 '옆집언니

'최실장'은 10년 넘게 스타일리스트로 활동한 전문가이고, '보라끌레르'는 옷감이나 소재에 대한 전문 지식을 소비자들에게 전달할 수 있는 패션 디자이너이다.

즉, 단순히 옷을 잘 입거나 외모가 아름다운 크리에이터보다는 체계적인 패션 지식을 제공하는 인플루언서들이 인기를 끌고 있는데, 이는 단순 유행이 아닌 나의 체형과 피부 톤에 잘 어울리는 아이템, 나만의 개성을 잘 표현해줄 수 있는 소재 등 보다 세밀한 커스터마이징에 대한 수요가 있음을 증명한다.

"실장님 채널은 명품만 고집하지 않고 생활형으로 패션소개를 해주시고, 팁을 주셔서 더 재밌고 도움 됩니다! 감사해요."

"진짜 보라끌레르 언니 넘 찐이고 패션이 아니라 인생 대선배시다."

"너무 유명해서 추천 안 해도 많이 알겠지만ㅋㅋ 슈스스 티비의 장점은 유용한 것도 유용한 건데 영상들 자체가 웃김ㅋㅋㅋㅋ 한혜연도 웃기고 편집자도 웃기고ㅋㅋ 독특한 아이템으로 코디 잘하는 거 재밌어서 보게 돼 넘 좋음ㅠㅠ 좋아하는 컨텐츠는 특정 아이템 하나로 일주일 코디하는 거랑 브랜드 매장 하나 골라서 거기서 쇼핑하는 거! 올드 셀린하울 영상은 슈스스의 셀린에 대한 애정 드러나서 좋아하는 영상이야ㅋㅋ 내가 가방에는 그렇게 큰 관심이 없어서 안 넣었는데 명품백 소개 영상도 좋아하는 사람들 많더라고!"

– 트위터 中

내가 만족하기 위해

전문성이 있는 인플루언서의 영향력과 더불어, '가치 소비'도 주요한 트렌드로 등장했다. 전문직 여성의 증가로 럭셔리 패션에 대한 수요가 증가하고 있는 동시에 일면에서는 정반대의 소비 패턴이 함께 나타나고 있는 것이다. 지속적인 경기 불황과 빈부 격차의 심화가 패션 업계에도 영향을 주면서, 이에 따라 중간 가격대가 사라지고 고가 혹은 저가만 살아남을 수 있는 생태계가 만들어졌다. 그러나 고가의 상품을 구매할 수 없는 여성들이라 하더라도 자신만의 매력을 표현하고자 하는 의지를 포기한 것은 아니다. 그로 인해 패션 업계에서는 '가치 소비'가 메가 트렌드로 자리 잡았고 2019년에도 지속되고 있다.

'가치 소비'란 가치를 포기하지 않는 대신 자신의 만족 등을 세밀히 따져 소비하는 성향을 의미한다. 과시 소비와 다르게 실용적이고 자기만족적 성격이 강하다. 무조건 아끼는 알뜰 소비와 저렴하기만 한 상품을 소비하는 것과는 다르다. 즉, 가격 대비 만족도가 높은 제품에 과감히 지갑을 여는 것이다. 이러한 트렌드 속에서 여성들은 저렴하면서도 동시에 자신만의 매력을 충분히 표출할 수 있는 스타일에 관심을 기울이고 있다. 또한 타인에게 도움이 되는 아름다운 소비, 친환경 소재를 사용한 제품 구매 등이 주요한 소비 동기로 작용하고 있다. 이를 통해, 여성들은 '착한 소비'를 실천하고 그 행위에서 오는 만족감과 옷을 구매했다는 기쁨을 모두 누리고 있다.

"비건 의류 쇼핑몰 만들고 싶다. 코튼+합성소재 혼방으로 따뜻하고 예쁘게 만들 수 있으면서 왜 안 만드는 거야???? 동물 죽여서 만든 옷 정말 정말 입기 싫음이야."
"티셔츠는 nau라는 친환경 오가닉을 추구하는 브랜드 옷이고 정식 사이트에서는 없어서 Gㅁㅋ에서 주문했습니당."
– 트위터 中

'가치 소비' 트렌드는 2019년 화제가 된 패션 상품들을 통해서 쉽게 확인할 수 있다. 우선 레트로 트렌드에 가치를 둔 제품이 화제가 되었다. 주로 액세서리 브랜드에서 진행된 애니메이션 컬래버레이션 상품이 인기를 끌었는데, '웨딩피치', '카드캡터 체리' 등 밀레니얼 세대 여성들이 어린 시절 즐겨 보던 추억의 만화와 협업한 상품들이 출시됐다. 반지, 시계, 목걸이 등 최대 10만 원 이하의 합리적인 가격으

▶ 애니메이션 컬래버레이션 패션 상품 관심도

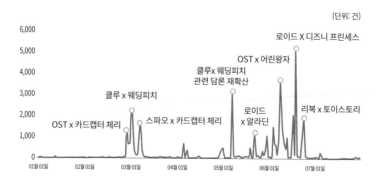

(단위: 건)

• 분석기간: 2019.01.01~2019.07.31
자료: 타파크로스 TrendUp V4

로 선보인 이 컬래버레이션 상품들은 소녀 시절의 감수성을 자극하는 데 성공하면서 출시 소식이 들려올 때마다 온라인에서 뜨거운 반응을 불러일으켰다. 애니메이션 컬래버레이션 외에도 귀여운 캐릭터 디자인 상품 등 감수성을 충족시킬 수 있는 제품들에 대해 여성 소비자들은 거리낌 없이 지갑을 열었다.

"악 드디어 스파오 콜라보 소식이 나왔네요! 진짜 대박.... 완전 이번에 작정하고 나온 것 같아요 ㅜㅜㅜㅜㅜㅜㅜㅜㅜㅜㅜㅜㅜㅜㅜ 발매일은 3월 8일이지만 6일날 0시에 선출시되는 것 같아요! 라인업에 베레모랑 잠옷 같은 것도 나올 줄 몰랐네요.. 와 이건 진짜 사야 돼 ㅜㅜㅜㅜㅜ 블라

우스도 티셔츠도 이쁘게 나왔네요 ㅜㅜㅜㅜㅜㅜㅜㅜㅜㅜ 아....ㅜㅜㅜㅜㅜ ㅜㅜㅜㅜㅜㅜ 처음 심층 인터뷰 때부터 정말 기다려왔는데 드디어 콜라보를 살 수 있는 날이 오다니 너무 기쁩니다 ㅜㅜㅜㅜㅜㅜㅜㅜㅜㅜㅜ 꿈같은 한국 콜라보에 발매까지 힘써주신 스파오에 감사를"

"하, 진짜 어릴 때부터 나오는 완구 제품들을 가지고 싶어서 엉엉 울고 그랬는데.. 사실 이 시기에 세일러문과 웨딩피치가 마법소녀물의 양대 산맥이 아니겠습니까? 개인적으론 세일러문보다 웨딩피치의 악세나 요술봉이 탐났었는데 이런 기회가 생길 줄이야! 이번에도 콜라보를 놓칠 수 없지 않겠습니까?"

"11번가에서 알라딘×자스민×로이드 콜라보 목걸이를 구매했습니다. 제가 또한, 알라딘 뽕에 취해서, 알라딘 노래를 부르고 다녔기에 팬심으로 사야겠다 싶어 진짜 구매해벌임"

– 트위터 中

또한, 2019년에는 '착한 소비'와 관련된 패션 상품들이 다수 인기를 끈 해이기도 하다. 여성들은 자신들이 공감할 수 있는 분야에 적극적인 소비를 보였는데, 대표적인 것이 올 초에 유행한 '비건 패딩'이다. 비거니즘이 라이프스타일 전반에 영향을 미치면서, 동물 학대 문제에 대한 경각심이 커졌고, 이것은 여성들의 패션 소비 행태로도 이어졌다.

　잔인하게 동물들을 다루어 얻는 오리털, 거위털 소재 대신 인공소재를 사용해 만든 '비건 패딩'을 구매하자는 담론이 온라인상에서 활발히 전개됐고, 소셜미디어를 통해 각종 비건 패딩 정보가 공유됐다. 크라우드 펀딩을 통해 선보여진 '스켈리도'의 비건 롱패딩은 크게 이슈가 되며 '완판' 되기도 했다.

　같은 맥락에서 3월에는 '태극기' 그림과 '대한독립만세' 문구가 새겨진 '리카이 코리아'의 '3·1절 에디션 보드화'가 트위터에서 약 2만 6,000명에게 리트윗되며 화제가 됐다. '리카이'는 일본에서도 인기 있는 브랜드였기 때문에 우려가 되지 않느냐는 질문을 받았으나, 리카이 측은 "일본은 판매국가 중 하나일 뿐이며 자신들은 그저 진실을 알릴 뿐"이라고 답하여 호응을 얻었다. 또한 리카이 코리아가 과거 수익금 일부로 독도를 후원했다는 사실이 함께 알려지며 더욱 좋은 평가를 얻을 수 있었다.

　5월에는 소녀시대 멤버 '수영'이 론칭한 브랜드 '비밍이펙트'가 시각장애인들의 치료 연구를 지원하고 있다는 사실이 알려지며 트위터상에서 약 1만 8,000명에게 리트윗되었다. 셀럽이 론칭했다는 사실이나 제품의 품질보다는 누군가에게 도움이 되는 소비를 한다는 것에 여성 네티즌들이 주목하면서 긍정적 평가가 공유된 것이다.

정형화된 美에 대한 거부

'가치 소비'의 또 한 가지 형태로 '보디 포지티브' 운동에 대한 관심이 증가하기도 했다. '보디 포지티브'는 2018년 '미투 운동'과 함께 뜨거운 감자로 떠올랐던 '탈코르셋' 운동, 그리고 그에 대한 작용으로 관심이 상승한 '젠더리스 패션'과 연관되어 있다. '보디 포지티브'는 정형적인 미美의 기준에 나를 맞추는 것이 아닌 나 자신을 있는 그대로 사랑하자는 운동이다. 자연스럽고 편안한 것에 대한 아름다움을 새롭게 발견하며, 그와 동시에 여성들을 일방적인 기준으로 성적 대상화하는 것에 대한 비판을 함께 제시했다.

이러한 트렌드 속에서 2019년에는 아름다움에 대한 고정관념을 깬 사례들이 큰 찬사를 받았다. 일례로 상반기에는 '플러스 사이즈' 마네킹에 대한 긍정 담론이 네티즌들 사이에서 확산되었다. 1월에 한 네티즌이 미국 마트에서 본 통통한 모습의 마네킹에 대한 긍정적 평가를 트위터상에 업로드했고, 해당 게시물은 약 1만 1,000명에게 리트윗되며 화제가 되었다. 또한 6월에는 나이키가 영국 옥스퍼드 스트릿에서 플러스 사이즈 마네킹을 등장시켜 국내 네티즌들 사이에서 또다시 크게 회자되었다.

"여자 플러스 사이즈 마네킹은 봤는데 남자 마네킹은 신선하다. 어떤

자료: 나이키

아줌마가 마네킹을 보더니 여보…?라고 그랬다."

"나 오늘 쇼핑하러 갔는데 미국 마트엔 마네킹이 저렇게도 생긴 게 있

더라 저거 보고 진짜 감탄했어. 한국은 오로지 날씬하고 키 크고 그런

마네킹 쓰는데 미국은 그딴 거 없구 통통하고 다리살 있고 허리 굵고

이런 거 그게 쫌 더 좋더라, 한국아 좀 배워라."

- 트위터 中

▶ 에스라티의 요가 바지

자료: 에스라티

　같은 맥락에서 정형화된 아름다움을 강요하는 상품들이 비난을 받는 경우가 종종 발생했고, 편안하고 자연스러움을 강조한 상품들이 인기를 얻는 양상이 나타나기도 했다. 특히 체형 교정을 지나치게 강조한 보정 속옷 광고가 논란이 되기도 한 반면, 타이트한 운동복 대신 편안한 요가 바지를 판매하는 온라인 쇼핑몰 '에스라티', 저렴하지만 기능이 우수한 스포츠 브라 브랜드 '쇼크업소버' 등이 온라인상에서 화제가 되었다.

　'의복'은 먼 옛날부터 여성들이 자신의 정체성을 표현했던 가장 확실하고 중요한 수단이다. 전 세계 어느 나라보다 교육 수준이 높은

21세기 대한민국 여성들은 현재 누구보다 까다롭고 섬세하게 자신을 나타낼 수 있는 패션 스타일을 추구하고 있다. 프리미엄과 가성비로 양극화되고 있으나 그 안에서 본인만의 가치를 드러내고자 하는 심리는 양쪽 모두 동일하다. 이것이 바로 여성복에 더 많은 가치와 전문성을 담아야 하는 이유이다.

식음료, 이국적이거나 간편하거나

새로운 맛, 특이한 맛, 유행하는 맛

'루꼴라', '바질', '화자오'와 같은 이국적인 식재료를 사용한 요리들과 '우유 튀김', '코하쿠토' 등 해외 인기 디저트류에 대한 국내 소비자들의 관심이 최근 몇 년간 지속적으로 상승하고 있다.

애국 마케팅이 절정에 이르던 90년대 초중반까지만 해도 '신토불이'가 대세로 자리 잡으며 해외 식재료에 대한 묘한 거부감이 형성돼 있었다. '한국인은 밥심으로 산다'라는 말이 흔히 사용됐던 만큼 건강을 위해서는 반드시 한식을 먹어야 한다는 인식이 컸다. 그러나 이러한 경향은 2000년대를 넘어서며 서서히 변화하기 시작하더니 근래에 들어서는 새롭고 이색적인 해외 식품에 대한 관심이 폭발적으로 증가하고 있다. 그리고 이러한 식음료 트렌드 변화의 중심에는 유행에 민감하고 맛집을 사랑하는 2030세대 여성들이 있다.

　여성들의 'F&B 구매 패턴'과 관련해 동반 언급되는 주요 속성을 살펴보면 1위가 '여행'으로 나온다. 한국의 젊은 여성들은 추억을 만들기 위해, 혹은 스트레스를 풀기 위해 해외 여러 나라를 돌아다니고 그 나라에서만 맛볼 수 있는 음식을 먹어보는 것을 기쁨으로 여긴다. 그래서 식도락을 중심으로 여행 계획을 짜기도 하고, 그중 취향에 맞는 음식은 친구들에게 추천하거나 귀국한 후에도 해당 음식을 판매하는 전문점을 찾기도 한다.

"이태원 해방촌 쪽에 있는 팟카파우 추천해요! 매운 그린 커리가 있었는지는 기억이 안 나지만 여기 정말 태국 현지에서 먹는 맛이었어용."
"블랙밤부 베트남 음식점. 타협하지 않은 현지의 맛 추천."
"동남아 음식에 대해선 허들이 좀 높은 편인데, 여기는 자신 있게 추천함ㅋㅋ 특히 쏨땀이 현지 맛에 가장 가까워서 박수치면서 머금ㅋㅋ"
- 트위터 中

이러한 트렌드 속에서 2019년 국내 소비자들 사이에서 인기를 끌었던 대표적인 해외 식품은 '마라 맛'과 '흑당'이다. 마라는 혀가 마비될 정도의 맵고 얼얼한 맛이 특징인 중국 사천지방의 향신료로,

▶ 화제의 마라 맛 제품들

자료: 풀무원식품(좌), 농심(우)

▶ 화제의 흑당 제품들

자료: 해태제과(좌), GS리테일(우)

특히나 매운 맛을 좋아하는 2030 한국 여성들의 마음을 사로잡았다. 2018년 1~7월 마라 맛 언급량은 2017년 동기간 대비 855% 증가했으며 2019년에는 2018년 대비 76% 증가했다. '흑당'의 유행은 대만의 '흑당 버블티'에서 시작됐다. 뛰어난 색감과 몸에 덜 해로운 단맛을 가지고 있어 젊은 여성들 사이에서 인기를 얻게 됨에 따라,[43] 2019년 흑당 언급량은 2018년 동기간 대비 605% 상승했다.

이러한 트렌드에 힘입어 2019년 식음료 업계에서는 마라 맛과 흑당을 활용한 여러 제품들이 출시됐다. 그중 편의점 CU의 '마라 시리즈', 이금기 '훠궈 마라탕 소스', 삼양 '마라탕면', 해태 '흑당버블티바', 푸르밀 '흑당밀크티', GS25 '흑당라떼샌드위치' 등의 제품은 온라인상에서 화제가 되며 입소문이 퍼졌다. 마라 맛과 흑당 외에도 트위터상에서 9,793명에게 리트윗된 '터키쉬 딜라이트'와 7,756명에게 리트윗된 '베이크 알래스카', 5,392명에게 리트윗된 '얼그레이잼' 등 달달하고 이색적인 해외 디저트가 올 한해 젊은 여성들의 사랑을 받았다.

이렇듯 현재 대한민국 여성들은 어느 시기보다 색다른 맛을 강력히 원하고 있다. 이국적인 정취를 즐기는 그녀들은 새로운 환경에 매일 닿을 수 없다는 제약을 새로운 음식을 통해 극복하고 있다. 2018년에 아보카도, 무화과 등 외래 과일이 선풍적인 인기를 끌었다면 2019년에는 마라 맛, 흑당 등의 식품에 대한 압도적 우세가 나타났다. 2020년에도 젊은 여성층의 호기심과 입맛을 사로잡을 해외 식품을 발굴해내는 기업이 국내 식품업계의 유행을 선도해나갈 수 있을 것이라 예상되는 대목이다.

구매는 편리하거나 '힙'하거나

이색 식재료를 판매하는 유통 채널의 인기도 높아지고 있는 상황이다. 새벽 배송으로 유명한 '마켓컬리'는 다른 채널에서는 보기 힘든 이국적인 식재료를 판매해 입소문을 탄 바 있다. 실제로 온라인상에서 '마켓컬리'와 관련해 주로 화제가 되는 제품들은 지금까지 다른 유통 채널에서는 선보인 적 없는 색다른 식품인 경우가 많다.

2019년 온라인상에서 화제가 된 '마르쉐marché 채소 시장' 또한 이러한 트렌드가 잘 반영돼 인기를 얻는 데 성공한 식자재 마켓이다. '마르쉐'는 프랑스어로 장터, 시장이라는 뜻으로 어원이 프랑스어에 있듯 국내 식재료는 물론 다양한 해외 식재료를 함께 판매한다. 또한 아이디어 넘치는 간판, 설명서 등을 사용해 기존 전통 시장에 없던 예술적인 감각을 투영했다. 인스타그램을 소통 창구로 운영하고, 1인 가구를 위해 소량으로 식재료를 판매하는 등의 활동을 통해 일명 '힙한' 감성을 전달하는 데도 성공했다. 그 결과 젊은 여성 소비자들을 중심으로 마르쉐 장터에 대한 입소문이 퍼지기 시작하면서 존재감을 드러내고 있다.

"합정 마르쉐 채소 시장. 루꼴라 한 단 가득 3,000원에, 향긋한 바질이랑 애플민트는 작은 한 봉지에 2,000원에 득템했다. 1인 가구라 대용

▶ 합정 마르쉐 채소 시장

자료: 한스미디어

량으로 사기는 부담스럽고 마트에서 조금씩 사자니 비싸서 아까운데

딱 원하던 만큼의 양을 저렴하게 사서 너무 좋아ㅜㅜㅜ"

- 트위터 中

먹는 것도 귀찮아

색다른 맛에 대한 열망과 더불어, 주요한 식음료 소비 트렌드로는 간편성에 대한 추구를 들 수 있다. 바쁜 삶을 살아가는 현대 여성들에게 간편한 음식은 필수 요소다. 바쁠 때, 가장 먼저 포기하게 되는 것이 바로 먹는 것이기 때문이다.

2017년 한 연구에서 2030 여성들을 대상으로 균형 있는 식생활과 건강에 대한 조사를 진행한 바 있다. '식생활과 건강'에 대해 73명

중 27명(37%)은 '신경을 쓴다', 21명(28.8%)은 '보통', 25명(34.2%)은 '신경을 못 쓰는 편'이라고 대답하였다. 하루에 세 끼를 다 챙겨 먹느 냐는 질문에 49명(67.1%)은 '그렇지 못하다'고 응답하였다. 제대로 된 식사를 하지 못 하는 이유에 대해서는 56.9%가 '바쁜 스케줄'을 선 택하였고, 45.8%가 '귀찮아서'를 택하였다. 이러한 결과를 토대로 연구는 여성들이 건강한 식생활을 소홀하게 만드는 원인을 '바쁜 일 상'과 '피곤함'인 것으로 결론 내렸다.[44]

여성들의 삶은 2019년이 된 현재 더욱 바쁘고 피곤해졌다. 이러 한 상황 속에서 최근 몇 년간 식사 트렌드는 번거로움을 덜어주면서 도 건강한 섭취가 가능한 방향으로 발전되어왔다. 그중 하나가 대용 식 시장이다. 푸드 쉐이크, 선식, 곡물 음료 등 조리할 필요가 없고 먹 는 시간까지 줄여주는 대용식 시장은 현재 아침 식사와 관련해서만 3조 원대까지 성장한 것으로 추정되고 있다.[45]

대용식 시장의 성장 속에서 몇 년간 주가를 올리고 있는 상품군 은 '비건 밀크'이다. 우유는 예전부터 식사 대용으로 많이 활용되던 식품이었으나, 섭취 시 오히려 건강에 해가 될 수도 있다는 정보가 공유되곤 했다. 이에 대한 대체품으로 소비자들이 선택한 것이 아몬 드, 귀리 등 곡물로 만들어진 '비건 밀크'다. 이는 유당불내증 환자도 섭취할 수 있고 건강한 다이어트에 유용하다는 정보가 확산되면서

▶ '식사 대용식' 언급 순위

(단위: 건)

순위	상품	빈도	순위	상품	빈도	순위	상품	빈도	순위	상품	빈도
1	우유	14,131	6	가루	5,761	11	견과	3,637	16	주스	2,981
2	쉐이크	10,884	7	곡물	4,459	12	닭가슴살	3,409	17	단호박	2,552
3	바나나	6,312	8	샐러드	4,095	13	미숫가루	3,271	18	감자	2,365
4	두유	5,936	9	요거트	3,877	14	선식	3,257	19	오트밀	2,139
5	과일	5,824	10	고구마	3,813	15	시리얼	3,064	20	곤약	1,921

• 분석기간: 2019.01.01~2019.07.31
자료: 타파크로스 TrendUp V4

인기를 끌기 시작했다.

특히 여성의 경우 남성 대비 소화 불량 환자가 더 많은 것으로 나타나고 있는 만큼 위장에 부담이 덜한 식물성 음료를 선호하는 경향이 더욱 뚜렷이 나타나고 있다.[46] 이런 인식 속에서 비건 밀크의 대표 주자격인 매일유업의 '아몬드 브리즈'를 포함해, 각종 곡물 우유가 식사 대용식의 강자로 떠오르며 인기를 끌고 있다. 온라인상에서는 아몬드 브리즈와 관련해, 각종 할인 소식, 선호하는 맛에 대한 추천, 함께 먹으면 좋은 음식 등 각종 정보와 레시피가 공유되는 모습이 나타나고 있으며, 실제로 매출도 3년간 150% 이상 증가하였다.

"여·남 임원 비율이 5:5인 매일유업 제품 아몬드 브리즈 홍보하러 왔

▶ '아몬드 브리즈' 언급 추이

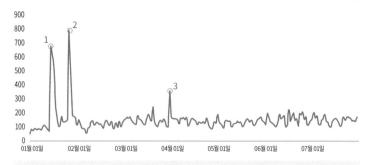

(단위: 건)

1 안녕하세요 해당 두유는 논비건입니다! 비타민 D3가 함유된 두유이기 때문입니다. D3는 대구나 다랑어 등 해양동물의 간유 추출물이며, 양모에서 추출되는 성분이기도 합니다. 쉽게 구할 수 있는 제품 중 매일두유 99.89%와 아몬드 브리즈가 비건입니다.

2 다이어트하시는 분들, 아몬드 브리즈를 드세요. 초코 바나나 맛도 있는데 원래 초코나 바나나 우유보다 칼로리도 낮고 탄수화물과 당류도 적음. 그리고 아몬드를 사용해서 만들다보니까 불포화지방도 들어가서 우유보다 더 건강함.

3 GS25에서 4월 한 달간 아몬드 브리즈 오리지널 & 언스위트/매일두유 식이섬유 & 설탕 0% 2+1 행사합니다. 아몬드 브리즈, 매일두유 교차 가능해요. 예) 아몬드 브리즈 오리지널 1개 + 매일두유 식이섬유 1개 + 매일두유 설탕 0% 가능!!!!

• 분석기간: 2019.01.01~2019.07.31
자료: 타파크로스 TrendUp V4

읍니다. 유당불내증으로 고통받지 마시고 다들 아몬드 브리즈 드시고 광명 찾으십시오. #매일유업 #아몬드브리즈"

"건강한 한 끼를 생각하게 되는 요즘… 가벼운 아침 대용으로 밤새 아몬드브리즈에 불려놓은 오트밀에 바나나 & 크랜베리"

– 트위터 中

쉬코노미가 온다

▶ 연도별 '분말형 식사 대용식' 출시 관련 기사량

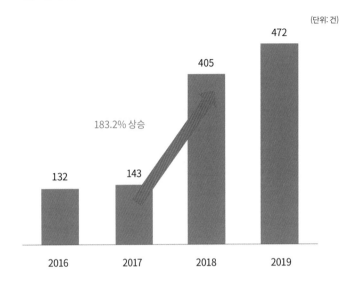

(단위: 건)

- 132 (2016)
- 143 (2017)
- 405 (2018)
- 472 (2019)

183.2% 상승

• 분석기간: 2016~2019년, 1~7월 동기간
자료: 타파크로스 TrendUp V4

식사 대용식의 또 다른 강자는 분말형 제품이다. 분말형 제품은 물 또는 우유를 섞어서 간편하게 마시기만 해도 하루에 필요한 영양소를 가볍게 섭취할 수 있다는 장점이 있다. 또한 한 끼당 약 400kcal대의 저칼로리 제품으로 여성 소비자들 사이에서 꾸준한 인기를 보이고 있기도 하다. 2016년부터 2019년까지 동기간(1~7월) 분말형 대용식의 매스미디어 출시 기사 수를 살펴본 결과 2017년 대비 2018년에 약 183.2% 증가했으며 현재까지 상승 추세가 이어지고 있다. 또한 여성들의 수요가 높다는 특징을 살려 제품 디자인의 경우 심미적이고 깔끔하게 제작되고 있는 것이 특징이다.

> "오랜만에 아침으로 랩노쉬 푸드쉐이크 먹음."
> "미숫가루에 설탕이나 꿀 안 넣은 것 같은 덜 달고, 컵 없이 타 마실 수 있는 식사 대용품 찾습니다. 다이어트용은 아니고 점심 시간이 너무 짧아서."
> "식사하는 게 귀찮아서 영양분을 압축한 미래형 식사를 마십니다."
> – 트위터 中

'제대로 된 한 끼'에 대한 욕구

간편한 식사를 추구하는 트렌드 속에서 떠오른 또 다른 시장은 도시락 배송 서비스이다. 기존의 도시락 시장은 편의점을 중심으로 한 저가형 제품을 중심으로 편재되어 있었다. 그러나 편리함과 건강함을 모두 챙기고 싶은 여성 소비자들이 주 소비층으로 편입되면서 프리미엄 도시락, 그리고 해당 도시락을 배달해주는 배송 서비스에 대한 수요가 증가했다.

마켓컬리의 경우 다양한 종류의 건강 및 다이어트 도시락을 보유하고 있으며, 저녁 주문 시 다음날 새벽까지 제품을 배송해주기 때문에, 신선한 제품을 받아보고 싶은 고객들 사이에서 만족도가 높은 편이다.

새벽 배송뿐 아니라 아침 혹은 점심 식사 시간에 맞춰 정기적으로 도시락을 배송받을 수 있는 구독 서비스도 대거 출시되고 있다. 도시락 정기 배송 서비스를 신청할 경우 회사 또는 집 등 원하는 장

▶ **도시락 정기 배송 서비스 감성어**

글자 크기: 언급량

• 분석기간: 2019.01.01~2019.07.31
자료: 타파크로스 TrendUp V4

소에서 편리하게 식사를 받아볼 수 있다는 장점이 있다. 또한 무엇을 먹을지 생각할 필요 없이 균형 잡힌 식단을 매일 제공받을 수 있기 때문에 메뉴 고민에 대한 스트레스도 적다. 식사 시간을 단축할 수 있다는 장점과 스트레스 없이 건강한 메뉴를 제공받을 수 있다는 점에서 직장인들 사이에서 특히 인기를 끌고 있다. 이는 도시락 정기 배송 서비스와 관련한 감성어 분석에서도 드러나는데, 소비자들은 건강하고 신선한 음식을 간편하게 즐길 수 있다는 점에 대해 긍정적으로 평가하고 있다.

간편한 식사에 대한 니즈가 상승했다고 해서 신선한 재료를 집에서 직접 조리하고 싶은 욕구가 퇴색된 것은 아니다. 소비자들 사이에서는 재료 손질과 레시피를 고민하는 수고를 덜고 손쉽게 맛있는 음식을 만들고자 하는 심리가 여전히 존재하고 있으며, 이러한 니즈는 밀키트* 제품의 강세로 나타나고 있다.

"예전부터 야채 찬을 왜 양념과 함께 팔지 않는 걸까 궁금했다. 겉절이 무침류나 데친 야채는 양념만 있으면 되니까. 밀키트 시장의 폭발과 함

---

* 요리에 필요한 재료를 필요한 만큼만 미리 손질해놓아 바로 조리할 수 있도록 구성한 상품.

께 이제 나오는구나."

"프레시지에서 스테이크 밀키트 사서 양파만 추가해서 먹었다 2인분인데 혼자 뚝딱. 놈 맛있었음.

"밀키트 여기 저기 주문하다가 최근에 이용하기 시작한 곳. 보통 밀키트가 약간 특식(?)에 가까웠는데 여긴 평소 집밥에 좀 더 가까운 메뉴가 많아서 좋았다."

– 트위터 中

2019년에 이마트는 자사 밀키트 브랜드 '저스트잇' 상품만을 진열한 전용 매대를 매장 내에 제작한 바 있다. 그것을 본 한 소비자가 트위터상에 해당 매대에 대한 정보를 게시했고 1만 3,195명에게 리트윗되며 화제가 되었다. 그리고 그 후 4월경 웹 예능 프로그램 〈심포유〉에서 가수 '시우민'이 저스트잇 밀키트 매대에서 상품을 고르는 모습이 방영돼 팬들 사이에서 관심이 나타나기도 했다. 이런 경향 속에서 GS리테일 '심플리쿡', 현대백화점 '셰프박스', 롯데마트 '요리하다', 갤러리아백화점 '고메494' 등 밀키트 브랜드가 연이어 론칭되며 시장을 선점하고자 하는 유통 업계의 경쟁이 치열해지고 있다.

식음료 소비가 기본 소비 행태를 반영한다는 측면에서 살펴보면, 2019년도 대한민국 여성들은 복잡한 현실을 벗어나고 싶어 하는

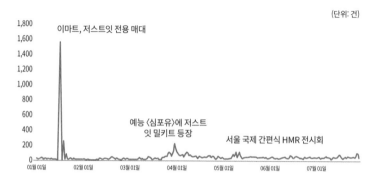

▶ **밀키트 관련 언급 추이**

(단위: 건)

이마트, 저스트잇 전용 매대

예능 〈심포유〉에 저스트
잇 밀키트 등장

서울 국제 간편식 HMR 전시회

• 분석기간: 2019.01.01~2019.07.31
자료: 타파크로스 TrendUp V4

것처럼 보인다. 먹는 것과 요리하는 것을 최대한 간소화하길 원하고 해외 음식에 열광하고 있으니 말이다. 사실, 식음료 소비도 양극화 되고 있다고도 볼 수 있다. 평소에는 간편하고 저렴하게 먹지만, 가 끔씩 이국적인 음식을 먹으며 호사를 즐기는 것이다. 이는 해외 여 행에 열광하는 여성들의 행태와도 맞닿아 있다. 평소에 돈을 아껴서 해외 여행을 가는 것처럼, 식음료 소비에도 이러한 현상이 나타나고 있는 것이다.

쉬코노미가 온다

클린 뷰티와 홈 뷰티 전성 시대

화학물질 거부 사태

2016년 일명 '옥시 사태'라고 불리는 가습기 살균제 사건이 사회적 이슈로 다시금 쟁점화되면서 이에 대한 전담팀이 구성되었고, 옥시 대표는 처벌을 받았다. 사망자 239명, 폐질환자 1,528명에 달한 초유의 사태 속에서 충격을 받은 대한민국 국민들은 그때부터 지금까지 '케미포비아Chemiphobia'의 한가운데 있다. '케미포비아'는 특히 뷰티 업계에 영향을 미쳤다. 피부에 직접 닿는 제품인 만큼 유해물질에 대한 민감도가 더욱 컸고, 피부 건강에 누구보다 예민한 여성들의 심기를 자극했기 때문이다.

뷰티 업계의 케미포비아 현상은 유해 성분이 함유되지 않은 제품인 '클린 뷰티'에 대한 폭발적인 수요 증대로 나타났다. 클린 뷰티 제품으로 분류되는 대표적인 상품으로는 천연 화장품, 유기농 화장품 등이 있다. 이들 각각에 대한 소셜미디어상 언급량은 2016년 1분기 대비 2019년 1분기에 21.6%, 51.5% 상승했다. '클린 뷰티'가 트렌드가 되면서 소비자들은 원료, 성분, 생산지까지 꼼꼼하게 따지는 '스마트 컨슈머'가 되어가고 있다. 기호에 맞는 안전하고 깨끗한 제품을 판매하는 브랜드에는 무한한 사랑을 주지만 그 기대를 저버리는 순간

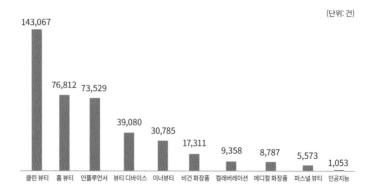

(단위: 건)

143,067 클린 뷰티
76,812 홈 뷰티
73,529 인플루언서
39,080 뷰티 디바이스
30,785 이너뷰티
17,311 비건 화장품
9,358 컬래버레이션
8,787 메디컬 화장품
5,573 퍼스널 뷰티
1,053 인공지능

• 분석기간: 2019.01.01~2019.07.31
자료: 타파크로스 TrendUp V4

가차 없이 돌아서 버린다. 그리고 이러한 추세는 앞으로 더욱 심화될 것으로 보인다.

뷰티 소비도 가치 지향

'클린 뷰티'와 관련해 한 가지 재미있는 사실은 해당 트렌드가 '착한 소비'와 시너지를 일으키며 발전되는 양상을 보이고 있다는 점이다. 2016년 '클린 뷰티'와 관련된 주 감성이 '케미포비아'였다면 시간이 지날수록 '동물 복지', '친환경' 등 가치 지향적 방향으로 힘이 실리는 모습이 나타나고 있다. 이러한 현상은 '비건 화장품'의 폭발적

쉬코노미가 온다

▶ '클린 뷰티' 관련 화장품 언급량 변화

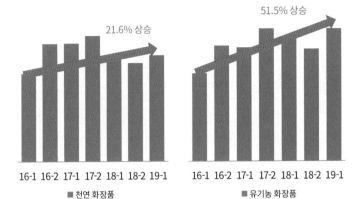

21.6% 상승

16-1 16-2 17-1 17-2 18-1 18-2 19-1
■ 천연 화장품

51.5% 상승

16-1 16-2 17-1 17-2 18-1 18-2 19-1
■ 유기농 화장품

• 분석기간: 2016.01.01~2019.03.31
자료: 타파크로스 TrendUp V4

▶ '비건 화장품' 언급량 변화

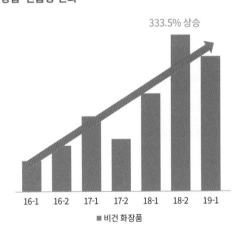

333.5% 상승

16-1 16-2 17-1 17-2 18-1 18-2 19-1
■ 비건 화장품

• 분석기간: 2019.06.01~2019.03.31
자료: 타파크로스 TrendUp V4,

관심 증가를 통해 확인해볼 수 있다. 비건 화장품은 동물 실험을 하지 않고, 원료 또한 동물성 대신 식물성을 사용한 제품이다. 생분해성 천연 추출물을 사용했기 때문에 친환경적이고 동물 실험을 하지 않아 윤리 문제에서 보다 자유롭다.

실제로 온라인상에서도 2016년 1분기 대비 2019년 1분기의 비건 화장품 언급량은 333.5% 상승했다. 또한 비건 화장품 관련 연관어에서도 '촉촉한', '저자극', '안전한' 등의 키워드와 함께 '착한', '친환경' 등의 키워드가 추출되고 있다. 이는 소비자들이 비건 화장품을 착하고 친환경적인 제품이라고 인식하고 있음을 증명한다.

국내 뷰티 브랜드 '보나쥬르'는 이러한 트렌드를 잘 활용해 꾸준한 사랑을 받고 있다. 보나쥬르는 당시 학생 신분이던 청년 창업가가 본인의 예민한 피부에 맞는 제품을 직접 제조한다는 슬로건으로 입소문을 탔다. 모든 제품을 대표 스스로가 직접 테스트해보면서 안정성을 검증한다는 스토리로 창업 초반에 관심을 얻었다. 이후, 착한 소비를 촉진하는 비건·친환경 정책을 적극적으로 펼치며 브랜드 이미지를 더욱 정교히 구축해나갔다. 이러한 활동들은 고객들의 마음을 사로잡았으며 현재까지 국내 천연 화장품계의 강자로 자리잡았다.

▶ '비건 화장품' 긍정어

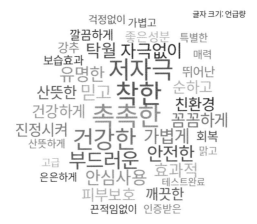

글자 크기: 언급량

걱정없이 가볍고
깔끔하게 좋은성분 특별한
강추 탁월 자극없이 매력
보습효과 유명한 저자극 뛰어난
산뜻한 믿고 착한 순하고
건강하게 촉촉한 친환경
진정시켜 꼼꼼하게
산뜻하게 건강한 가볍게 회복
고급 부드러운 안전한 맑고
은은하게 안심사용 효과적
테스트완료
피부보호 깨끗한
끈적임없이 인증받은

• 분석기간: 2019.01.01~2019.07.31
자료: 타파크로스 TrendUp V4

"화장품 기업 #로레알은 1989년 동물 실험을 중지하고, 이후 10년 동안 1조 원 이상을 들여 인공 피부 조직인 '에피스킨'을 개발했습니다."

"가을·겨울 바디용품을 찾는다면 앤아더스토리즈에서 바디스크럽, 핸드크림, 바디워시, 바디크림을 추천. 향이 섬세하고 고급스럽고 특히 스크럽이 정말 좋다. 잔향 좋고 피부보습&끈적임 없음. 가격도 9,000~15,000원. 그리고 뷰티 카테고리 상품은 모두 동물 실험을 안함! 저는 사계절 애용 중 #소비생활백과"

"디오디너리라는 동물 실험을 전혀 하지 않는 외국 회사 직구 물품이

며 거의 모든 화장품이 1만 원 이내라 제가 자주 사용하는 기초 화장
품이고 신사동인가 거기에 오프라인 있는 걸로 알아요."

– 트위터 中

집에서도 전문 피부 관리실처럼, 홈 뷰티

이러한 클린 뷰티 현상과 더불어, 나를 위해 소비하는 '미코노미
Me-conomy' 트렌드를 기반으로 한, 뷰티 케어 시장의 성장세도 가파르
다. 전문 피부 관리실을 다니지 않더라도 일상에서 꾸준히 관리하고
자 하는 욕구가 표출되면서 '홈 뷰티'가 인기를 끌고 있는 것이다. 온
라인상 언급량도 매년 꾸준히 증가하고 있는 추세다.

관리 방법 또한 매년 발전하고 있다. 1인 1팩 열풍을 불러온 마스
크팩 중심의 1세대에서 롤러와 같은 도구를 활용해 피부 표면에 탄
력을 주었던 2세대를 거쳐, 현재는 테크놀로지 기술이 결합돼 피부
속까지 관리하는 3세대 디바이스 제품으로 진화하고 있다.[47] 실제
로, 2019년 '홈 뷰티' 관련 소비자 담론을 살펴보면 '미용기기'가 '홈
뷰티'의 대세로 자리 잡았음을 확인할 수 있다. 소비자들은 모공 축
소, 주름 개선, 트러블 케어, 탄력 증진 등을 목적으로 갈바닉, LED
마스크, 진동 클렌저, 고주파기기 등 다양한 뷰티 디바이스 제품들
을 구매하고 있으며 많은 업체들이 시장을 선점하기 위한 치열한 경

▶ 홈 뷰티 언급 추이

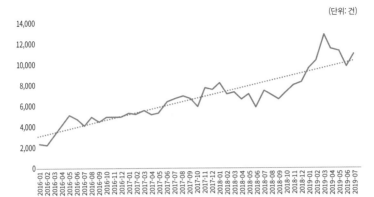

(단위: 건)

자료: 타파크로스 TrendUp V4

쟁을 펼치고 있는 상황이다.

홈 뷰티에 대한 열정은 남성보다는 여성에게서 더욱 강하게 나타나고 있다. 엠브레인 트렌드모니터가 2019년 4월 전국 성인 여성 1,000명을 대상으로 '피부 관리 및 홈 뷰티 관련 인식 조사'를 진행한 결과 대상자의 85.4%가 피부 관리 기기에 관심 있다고 응답했으며, 구입을 고려 중인 여성은 45.5%로 나타났다. 중장년층뿐만 아니라, 20대(45.1%)와 30대(50.6%)에서도 사용 의지가 강하게 존재한다는 것이 특징적이다.[48] 현재의 뷰티 디바이스 업계가 보다 폭 넓은 소비층을 포괄할 수 있게 되었다는 의미다. 이에 따라 2013년 800억 원 규모였던 홈 뷰티 시장이 2018년 5,000억 원대로 규모가 커지는 등 앞으로 더욱 소비계층을 넓히며 성장할 것으로 보인다.

뷰티 디바이스는 초창기에는 주로 피부과 케어를 받아본 경험이 있는 고객들을 타깃으로, 적게는 수십만 원대에서 많게는 수백만 원대의 고가 제품들을 위주로 출시됐다. 2017년 12월에 출시된 LG전자의 'LG프라엘'은 100만 원대를 호가하는 가격에도 불구하고, 판매량이 매년 급증하면서 국내 뷰티 디바이스계의 상징이 된 바 있다.

그러나 최근에는 고가 뷰티 디바이스뿐만 아니라, 저가 뷰티 디바이스 제품의 부상도 심상치 않다. 2018년 8월 트위터상에는 홍콩에서 제조된 약 6만 원 상당의 저가 LED마스크가 3만 1,035명에게 리트윗되며 화제가 되기도 했다. 해당 제품은 저가 상품임에도 구매자들 사이에서 호평이 잇따름에 따라 국내 판매처에서 품절 사태가 일어났으며, 유명 뷰티 유튜버들이 사용 후기를 올리는 등 큰 관심을 얻었다.

뷰티 디바이스가 고가에서 저가로 가격대가 확장된 것은 그만큼 소비층이 확대되었다는 것을 의미한다. 초창기 뷰티 디바이스가 피부과 및 에스테틱에 관심이 있는 고소득층을 상대로 했다면 홈 뷰티 트렌드가 유행이 됨에 따라 피부과를 찾지 않았던 소비층에게까지 영역이 확장되고 있는 것이다.

▶ '홈 뷰티' 및 '뷰티 디바이스' 연관어

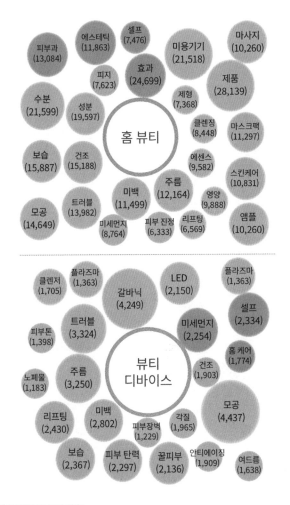

에스테틱 (11,863)
셀프 (7,476)
미용기기 (21,518)
마사지 (10,260)
피부과 (13,084)
피지 (7,623)
효과 (24,699)
제품 (28,139)
수분 (21,599)
성분 (19,597)
제형 (7,368)
보습 (15,887)
건조 (15,188)
클렌징 (8,448)
마스크팩 (11,297)

홈 뷰티

에센스 (9,582)
스킨케어 (10,831)
미백 (11,499)
주름 (12,164)
영양 (9,888)
모공 (14,649)
트러블 (13,982)
미세먼지 (8,764)
피부 진정 (6,333)
리프팅 (6,569)
앰플 (10,260)

클렌저 (1,705)
플라즈마 (1,363)
LED (2,150)
플라즈마 (1,363)
갈바닉 (4,249)
셀프 (2,334)
피부톤 (1,398)
트러블 (3,324)
미세먼지 (2,254)
홈 케어 (1,774)
노폐물 (1,183)
주름 (3,250)
건조 (1,903)

뷰티 디바이스

리프팅 (2,430)
미백 (2,802)
각질 (1,965)
모공 (4,437)
피부장벽 (1,229)
보습 (2,367)
피부 탄력 (2,297)
꿀피부 (2,136)
안티에이징 (1,909)
여드름 (1,638)

• 분석기간: 2019.01.01~2019.07.31
자료: 타파크로스 TrendUp V4

▶ 'LG프라엘' 언급 추이

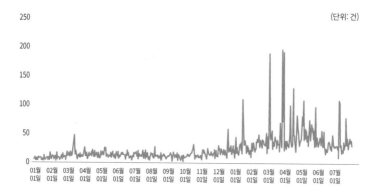

(단위: 건)

- 분석기간: 2019.01.01~2019.07.31
자료: 타파크로스 TrendUp V4

▶ 화제의 뷰티 디바이스들

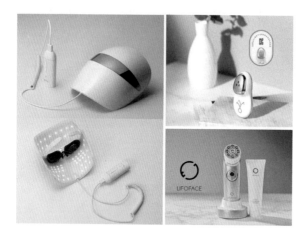

자료: LG전자(좌), 미샤(위), 리포페이스(아래)

쉬코노미가 온다

예뻐지고자 하는 욕망은 예로부터 이어진 여성들의 기본 욕망이다. 여성의 권익이 상승하고 여성 운동이 활발해지고 있지만, 이 욕망은 쉽게 사라지지 않을 것으로 보인다. 사실, 여성뿐만 아니라, 남성도 외모적으로 잘 보이고 싶은 욕망을 가지고 있고, 이 또한 사라지지 않고 있다. 이에 비춰보면, 예쁘고 멋있어 보이려는 욕망은 인간의 기본 욕구라고 해도 과언이 아닌 것으로 판단된다. 다만 욕망을 실현시키고자 하는 방법이 시대에 따라 변화하고 있을 뿐이다. 2019년 대한민국 여성들은 이를 위해, 화장품 성분에 대해 좀 더 까다롭게 생각하고, 친환경 제품과 천연 제품이 좋다는 인식을 가지고 있다. 더불어, 합리적이고 편리하게 욕망을 성취하고자 저렴한 홈 뷰티 디바이스에 열광하고 있다.

그녀들의 직장생활

그녀들에게 직장이란 무엇인가

2019년 3월 과학기술정보통신부 우정사업본부는 3·1운동 100주년을 맞아 여성 독립운동가 4명을 담은 우표 4종을 선보였다. '안경신', '김마리아', '권기옥', '박차정' 등 4명의 여성 독립운동가를 담은 우표는 그야말로 '대박'을 치며 트위터상에서만 2만 723명에게 리트윗되었다. 6월에는 여성 기업을 소개한 게시글이 3,378명에게 리트윗되며 네티즌들 사이에서 관심을 모으기도 했다. 해당 글은 설빙의 창립자 '정선희', 공차 설립자 '김여진', 홈플러스 CEO '임일순', 신세계그룹 총괄 회장 '최유경', 한국맥도날드 대표 '조주연', 이삭토스트

대표 '김하경', 대명그룹 회장 '박춘회' 등을 소개하며 여성 친화 기업에 대한 지지를 호소했다.

우리들은 왜 100년이 지난 시점에 그간 역사적으로 감추어져 있던 여성 인물들에 대한 발굴에 관심을 갖게 된 것일까? 그리고 사회적으로 성공한 여성들에 열광하며 깊은 호감을 표시하는 것일까? 그것은 현재 일반 직장인 여성들이 겪는 고충들과 맞닿아 있다.

"2·8독립선언서를 기모노 오비 안에 숨겨들어온 일본 유학생 '김마리아'. 3·1운동 당일 모교인 정신여고 학생들과 만세운동을 하다 잡혀가 고문을 당했으며, 최초의 여성독립운동 단체를 결성하였고 평생을 독립운동에 바친 '김마리아'를 기억해주세요."

"독립운동가 안경신, 33살 임산부의 몸으로 평남도청에 폭탄을 던진다. 그녀는 '폭음과 함께 살고 죽겠다'며 적극적으로 무력 투쟁을 지지하는 독립운동가이자 폭탄 거사에 참여했던 유일한 여성이었다."

"74년 전 오늘인 1944년 5월 27일은 영화 〈암살〉의 실제 모델인 독립운동가 박차정 의사가 일본군과의 전투 중 입은 총상 후유증으로 세상을 떠난 날. 광복을 앞둔 34살이었다. 의열단의 수장 김원봉과는 부부 사이였다. 기억해야 할 분이다."

– 트위터 中

경력 단절과 채용 불평등

통계청 〈경제활동인구조사〉의 성별·연령별 고용률에 의하면 20대까지 여성의 고용률은 남성 대비 1~2%가량 더 높은 수준이다. 그러나 30대가 지나면서 남녀 고용률 차이는 약 27%가량 커지는데 이것은 결혼과 출산, 육아의 영향으로 불가피하게 여성들에게서만 '경력 단절'이 일어나고 있기 때문인 것으로 분석된다. 몇 년간 아이를 낳은 후 다시 일자리를 구하고 싶어도 이미 벌어진 경력 격차를 메우기가 쉽지 않기 때문에 많은 여성들은 비정규직으로 몰리게 된다. 이에 따라 여성 임금 근로자 중 41%는 비정규직이며, 이것은 남성 대비 74만 2,000명 정도 많은 수준이다.[49]

▶ **성별·연령대별 고용률**

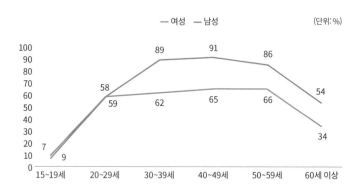

자료: 통계청, 〈경제활동인구조사〉

쉬코노미가 온다

여성들은 취업 준비생일 때부터 취업 과정에서 부조리한 상황을 겪기도 한다. 2018년에 있었던 은행권 채용 비리는 이러한 현실을 적나라하게 보여주었던 한 예다. 국내 유명 금융권 채용 과정에서 남성 지원자의 점수가 여성 지원자의 점수보다 낮게 매겨지자 점수를 조작했고, 남녀 채용 비율을 사전에 정해놓고 채용을 진행했다는 사실이 밝혀져 논란이 되었다. 이에 분노한 여성 취업 준비생들은 '채용 성차별 철폐 공동행동'을 조직해 은행 앞 통유리 창문에 항의 메시지를 붙이는 등 분노를 표출하기도 했다.

사건 이후 블라인드 채용 등 많은 시정 노력이 이뤄지고 있지만, 남녀 직원의 급여 차별, 여성에 대한 승진 기회 박탈 등 여전히 많은 차별이 존재하고 있는 것이 현실이다. 2019년 1월부터 7월까지 성차별적 채용과 관련된 언론 기사를 추출해본 결과 1,413건에 달하는 것이 확인되었고, 이러한 사실은 채용에 있어 성차별 문제가 여전히 존재하고 있음을 증명한다. 이러한 상황 속에서 한계를 느낀 여학생들은 최고의 스펙은 '남자'라고 말하며 이력서에 '불임' 또는 '독신주의자'라고 써야 취업 시 가산점이 붙는다는 우스갯소리까지 하기도 했다.

소셜 데이터를 통해 2019년 직장인 여성들이 겪는 고충에 대해 분석한 결과, 크게 '경력 단절'과 '유리천장', '성추행' 등이 주요 문제

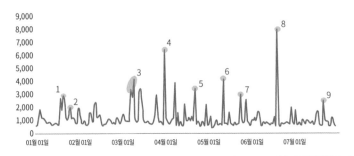

▶ 직장인 여성 고충 관련 담론 추이

(단위: 건)

1. 아이를 낳고 경력이 끊겨 전업주부로 살고 있는 아내를 '꼴보기 싫다'고 표현한 남편의 사례 공유
2. BBC 라디오에서 한국의 저출산 이유를 여성들에 대한 퇴사 압력으로 분석했다는 내용 공유
3. 남초 직장을 다니는 여성이 임신 후 단축 근무를 하자 동료 남성들이 비아냥거렸던 사연 공유
4. 여자 상사의 비중이 높은 회사가 희귀하다는 글 공유
5. 중년 남성 상사들은 힘든 일을 하지 않으려 한다는 경험담 공유
6. 성추행을 당해 울고 있던 일본 직장인 여성의 사연에 국내 네티즌들 공감
7. 여성 사원들의 성추행 고발로 인해 회사 팀장이 해고당했다는 내용 확산
8. YG 대표이사로 여성이 선임된 것에 대해 위험성이 높을 경우 여성에게 상급 직책을 주는 '유리절벽'이 아니냐는 논란 확산
9. 여성 동료를 무시하는 일부 남성 직장인들에 대한 분노 표출

• 분석기간: 2019.01.01~2019.07.31
자료: 타파크로스 TrendUp V4

로 거론되고 있는 것으로 드러났다. 결혼과 육아의 현실 앞에서 직
업인으로서의 꿈은 좌절되기 일쑤며, 이러한 현실을 알고 있는 여성

들은 비혼을 선언하기도 하고, 결혼 후에도 딩크족*으로 남는 경우가 증가하고 있다.

여전한 유리천장의 존재

경력 단절을 겪지 않고 커리어를 지킨 여성들에게도 직장생활에 있어 결코 적지 않은 고충이 존재한다. 그것은 바로 남성 동료들과 동등한 기회와 대우를 받기 힘들다는 '유리천장'의 존재다. 취업포털 사람인이 2019년 7월 직장인 1,226명을 대상으로 직장 내 유리천장 현황을 조사한 결과, 여성 직장인 중 48.1%가 남성 직장인 중 26.4%가 유리천장을 체감한다고 답변했다.[50] 여성들이 직장 내에서 유리천장을 느낄 수밖에 없는 가장 큰 이유는 조직 내의 여성 비율, 특히 고위직 비율이 압도적으로 낮기 때문이다.

"유리절벽이란 상급 직책이나 중요한 프로젝트 가운데 위험성이 높은 경우 특히 여성에게 주어지는 현상을 일컫는다. 즉 실패 위험성이 높은 직무를 여성에게 위임하는 것을 일컫는다. 황보경 신임 대표이사는 여성 임원이다."

• 결혼하였지만 의도적으로 아이를 갖지 않는 맞벌이 부부를 이르는 말.

"따끈한 유리천장 지수 나옴. 한국은 조사 대상 29개국 중 역시나 꼴찌. 임금 격차 35%, 한국 기업 임원진 남성 98%, 여성 대표 109개 기업 중 한 명. 육아휴가 이해도 낮음. (어쩜 이리 잘 알지?ㅋ) 이런 부문 동반자인 일본은 노동력 부족으로 여성 인력을 대거 기용하면서 좀 나아져 한국 바로 앞."

"나 신민아도 좋아하고, 정치물도 좋아하는데, 신민아가 비례대표 초선의원이자 당 대변인으로서 유리천장을 향해 도전하는 캐릭터로 돌아왔어. 드라마 이름 〈보좌관〉이래… 설렌다."

– 트위터 中

남성 임직원이 다수를 차지하는 기업은 시스템 자체가 여성에게 불리할 수밖에 없고, 기준에 맞추지 못 했을 때 그 잘못은 오롯이 여성 개인의 탓으로 돌아가게 된다. 또한 사회적으로 성공한 여성 선배가 적다는 것은 고위직으로 갈수록 심화되는 경쟁 속에서 끌어줄 존재가 없다는 것을 의미하기도 한다. 누구보다 탁월한 능력 혹은 강한 정신력을 가지고 있는 21.5%의 여성만이 관리자가 될 수 있으며, 그마저도 '독하다', '기가 세다' 등의 말을 듣기 일쑤다. 이런 상황에 처해왔던 여성들은 온라인에서 남성 중심 조직의 불합리함을 이야기하고, 여성 직장인의 고충에 공감하며 함께 분노하고 있다. 이러한 연유로 사회적으로 성공한 여성들을 존경하며 그들을 지지하고자 하는 움직임이 생기고 있는 것이다.

최대의 관심사는 자기계발

직장인 여성들은 경력을 쌓는 일에 대해 '감사하고', '새롭고', '가치 있고', '멋진' 일이라고 느끼지만 그만큼 '힘들고', '걱정되고', '불안하며', '고통스러운' 일이라고 생각하고 있다. 직장에서 마주하는 현실을 극복하기 위해, 자기계발에 매진하는가 하면, 이러한 스트레스를 극복하고 보다 행복한 삶을 살기 위해 취미생활을 중시하고, '홧김 비용'을 지출하기도 한다. 빅데이터를 통해, 2019년 직장인 여성들이 가장 관심을 보이는 활동을 분석한 결과, 운동·여행·공부가 최상위를 차지한 것은 이러한 현실을 증명한다.

2019년 여성 직장인들은 스스로 체력과 건강을 지키기 위해 다양한 운동을 하며, 스스로를 관리하는 데 높은 관심을 보였다. 필라테스, 요가, 발레 등 여성들의 관심도가 높았던 기존 운동은 물론 검도, 태권도 등 남성 고객의 비중이 높았던 종목에도 여성들의 관심이 증가하고 있다. 또한, 직장인 여성들은 공부를 하고자 하는 욕구도 강하다. 엠브레인 트렌드모니터의 자료에 따르면, 여성의 영어 대한 관심 여부가 남성보다 더 높은 것으로 나타났으며[51] YBM 등 주요

▶ 직장인 여성이 느끼는 긍정 및 부정 심리

글자 크기: 언급량

긍정 감성

행복하게
소중한 아름다운
엄청난 다양한 즐기는
안정적
뛰어난 매력 감사 특별한
좋아하는
도움
즐거운 새로운 가치 기쁨
필요한 능력 강한
뿌듯 기대 멋진 흥미
훌륭한

부정 감성

부정적 포기하고
불쾌 실망 두려움
최악 불안 어려운
원망 폭력 고통 두려워
위험한 범죄 힘든 아쉬운
논란 가난 지친
무서운 걱정 못해 지옥 여혐
피곤한
우울증 불가능 부족한 쓸쓸
싫다 불편함

• 분석기간: 2019.01.01~2019.07.31
자료: 타파크로스 TrendUp V4

어학원 내 남녀 비율도 여성이 남성을 웃도는 것으로 알려졌다. 이러한 트렌드 속에서 기존에 주로 어린이 고객을 대상으로 프로그램을 운영하던 대형마트 및 백화점 문화센터 등도 직장인 여성 고객들을 유치하기 위한 강의를 개발하기 시작했다.

직장 여성들이 사용하는 홧김 비용 또한 단순 구매 행위를 넘어 그 속에서 심리적 안정을 얻을 수 있는 방향으로 발전하고 있다. 대표적인 것이 마사지와 네일아트다. 최근 오피스타운을 중심으로 직장인 혹은 여성 전용의 마사지샵이 다수 운영되고 있으며, 스트레스

쉬코노미가 온다

▶ 홧김 비용 관련 언급 순위

(단위: 건)

순위	감성어	빈도	순위	감성어	빈도
1	카페	4,985	6	맛집	2,857
2	화장품	4,353	7	명품	2,526
3	술	3,512	8	영양제	2,025
4	책	3,211	9	염색	1,184
5	마사지	3,000	10	네일아트	1,153

자료: 타파크로스 TrendUp V4

및 신체 관리 등을 위해 마사지샵을 찾아 피로를 푸는 여성들이 늘고 있다. 네일숍은 매년 평균 2,000곳 이상 새 가게가 문을 열 정도로 여성들에게 높은 인기를 누리고 있다.[52] 네일숍과 더불어 셀프 네일아트도 인기다. 셀프 네일아트 시장 규모는 2012년 639억 원에서 2018년 900억 원대까지 늘어난 것으로 추산된다. 용모 관리와 관련된 소확행을 통해, 직장 생활에서 오는 스트레스를 풀고 자아 존중감을 되찾는 여성들이 증가하는 것으로 분석된다.

대한민국에서 워킹맘으로 산다는 것

늘어나는 워킹맘

2013년 대한민국 육아 예능은 전성기를 맞이했다. MBC의 〈아빠! 어디가?〉와 KBS 예능 〈슈퍼맨이 돌아왔다〉는 첫 방영을 시작으로 큰 화제를 몰았다. 특히 〈슈퍼맨이 돌아왔다〉는 6년의 세월의 흘렀으나 2019년 현재까지 시청률 10% 이상을 유지하며 꾸준한 인기를 보이고 있다. 두 프로그램의 공통점은 아빠 연예인들이 아내의 도움 없이 스스로 아이들을 돌본다는 콘셉트로 기획되었다는 것이다. 〈아빠! 어디가?〉는 스타 아빠들이 어린 자녀들과 함께 여행을 가는 에피소드를 다루었으며, 〈슈퍼맨이 돌아왔다〉는 48시간 육아를 담당하는 연예인 아빠들의 모습을 담았다. 능숙하게 아이들을 돌보는 아빠 스타들은 시청자들의 찬사를 받았으며, 해당 프로그램은 육아는 엄마가 주도적으로 해야 한다는 사회적 고정관념을 탈피하는 데 일조하기도 했다. 이외에도 공학 박사 아빠의 육아 일기를 소재로 한 〈닥터앤닥터 육아일기〉가 네이버 웹툰에 연재돼 독자들의 관심을 사기도 하는 등 아빠 육아는 하나의 트렌드가 되었다.

육아하는 아빠에게 사람들이 열광하기 시작한 배경에는 워킹맘의 부상이 있다. 과거에는 출산을 하면 다니던 직장을 그만두고 아이를 키우는 것이 당연한 수순이었다. 그러나 현재는 경제적 이유든, 개인적 성취감을 위해서든 출산 이후에도 일과 육아를 병행하는 여성들이 증가하고 있다. 일과 육아는 둘 중 하나만 감당하더라도 고된 상황에 직면하게 되는 경우가 많다. 그렇기 때문에 워킹맘은 감당하

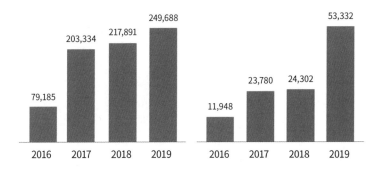

| ▶ 독박 육아 관련 언급량 변화 | ▶ 워킹대디 관련 언급량 변화 |

자료: 타파크로스 TrendUp V4

기 힘든 스케줄을 매일 소화해야 하는 상황에 이르게 되고, 결국 혼자 육아하는 것에 대한 불만을 맞닥뜨리게 되며 '독박 육아'라는 말이 등장하는 계기가 되었다.

엄마가 바빠서 미안해

그렇다면 워킹맘들이 평소 느끼고 있는 감성은 어떠할까? 일반 직장인 여성의 심상이 개인적 삶에 초점이 맞춰져 있었다면 워킹맘의 경우에는 주로 자녀에 집중되어 있는 모습으로 나타난다.

자녀에 대해 느끼는 일하는 엄마들의 감성은 복합적이다. 긍정어의 경우 '세젤귀', '예쁜', '감사' 등이 상위에 추출되고 있으며, 부정어의 경우 '힘든', '처절한', '걱정' 등이 추출되고 있다. 아이들에 대한

글자 크기: 언급량

긍정 감성	부정 감성

• 분석기간: 2019.01.01~2019.07.31
자료: 타파크로스 TrendUp V4

사랑과 함께 누구보다 처절한 삶을 살고 있는 상황에 대한 괴로움이 나타나고 있는 것이다. 또한 자녀와 오래 함께 있어주지 못하면서 힘들어 하는 자기 자신에 대한 회한이 큰 것으로 분석된다. 특히 '미안해'가 상위 부정어에 나타나는 것에서 볼 수 있듯 워킹맘은 엄마가 되는 순간 모든 사람들에게 죄인이 될 수밖에 없다. 육아에만 전념하는 엄마들에 비해 아이를 챙겨주지 못 하는 것에 대한 죄책감이 크며, 유치원 등의 친목 모임에서도 워킹맘은 소외되기 일쑤다. 어린 아이의 특성상 돌발 상황이 자주 발생하게 되기 때문에, 결근이 많고 야근도 힘들어 회사 생활에도 어려움이 존재한다.

▶ 워킹맘 언급 추이

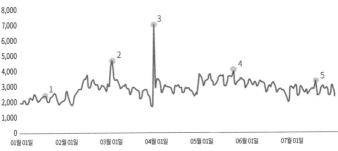

(단위: 건)

1 워킹맘으로서의 고충을 얘기하는 연예인들을 보면 결혼이 꺼려진다는 글에 공감
2 일하는 엄마를 '워킹맘'이라고 하지만 일하는 아빠를 지칭하는 용어가 없음을 지적
3 아이와 놀아줄 시간이 없어 미안해하는 워킹맘에게 새벽 6시에 놀아주라고 조언한 혜민스님의 발언 재확산되며 논란
4 아이의 실수로 시뮬레이터가 정지한 것에서 아이디어를 얻어 오류 회피 프로그램을 만든 NASA 프로그래머 마거릿 해밀턴 사례 공유
5 동요 '섬집아이' 가사가 워킹맘의 상황을 나타내고 있어 가슴이 아프다는 의견에 네티즌들 공감

• 분석기간: 2019.01.01~2019.07.31
자료: 타파크로스 TrendUp V4

"자장가로 많이 불러주는 섬집아기 2절 아시는지. '아기는 잠을 곤히 자고 있지만 갈매기 울음 소리 맘이 설레어. 다 못 찬 굴바구니 머리에 이고 엄마는 모랫길을 달려 옵니다.' 끝에서 나는 늘 목이 멘다. 우리 엄마도 나도 워킹맘이다."

"우리 아기들 초집중모드ㅋ 나름 진지하게 하는 모습 보니 6세 오빠보다 더 잘하는 듯ㅋㅋㅋㅋ 이번 주 진짜 너무… 힘듦… 잘 버티다 저녁에 터짐ㅜㅜㅜ #우리아들딸들 #미안해 #조심하게 #알코올충전 #고생했어 #재밌었지 #고사리손 #귀요미 #다둥이맘 #육아일기 #육아소통 #워킹맘 #피곤"

"덥다 덥다 지난주 물놀이 사진 보기ㅋㅋㅋ … 방학인데 애미 출근하고 같이 못 놀아줘서 미안해ㅜㅜㅜ … #지난물놀이사진 #진영역폐역 #진영물놀이터 #진영역 #물떨어지는거무서움 #그래도나오진않음 #여름물놀이 #물놀이하고싶다 #육아맘 #부산맘 #육아그램 #워킹맘"

– 트위터 中

워킹맘이 가지고 있는 복합적인 감성은 상품 구매 시 표출되기도 한다. 우선, 스스로에 대한 측은함과 자녀에 대한 미안함이 큰 워킹맘은 자신과 아이를 위해 쓰는 비용에 과감해지는 경향이 있다. 직장 및 가정에서의 스트레스를 풀기 위해 고급스러운 레스토랑 혹은 카페에 가서 힐링하기도 하고, 스스로에게 값비싼 선물을 주기도 한다. 특히 아이에 있어서는 이러한 경향이 더욱 두드러지게 나타난다. 함께 있어주지 못 하는 만큼 혼자 놀 수 있는 장난감에 투자하거나 타인의 손에 맡기는 만큼 안전성이 더욱 강화된 육아 장비를 구매하기도 한다.

워킹맘의 이러한 소비 성향은 프리미엄 육아용품 시장의 성장에

일조하고 있다. 이러한 트렌드를 반영해 육아용품 업계에서는 제품의 고급화를 추진하는 경향이 나타나고 있으며, 고급 육아 아이템을 구독할 수 있는 서비스, 아이 돌봄에 대한 공백을 메우기 위한 프리미엄 놀이 돌봄 서비스까지 출시되고 있는 상황이다.

아이와 함께하는 시간을 위해서라면

일분일초가 아까운 워킹맘의 바쁜 라이프스타일로 인해 떠오르고 있는 또 다른 제품군은 시간 절약 아이템이다. 특히 가사 노동 시간을 줄여주는 주방 가전에 대한 워킹맘의 관심이 높은 편이다. 식기세척기, 얼음 정수기, 전기레인지, 음식물 처리기 등이 대표적인 예이다.

최근 출시된 식기세척기는 그릇 오염 상태에 따라 스스로 작동 모드를 설정·가동한다. 기기 스스로 그릇을 물로 애벌 세척한 뒤, 물의 탁한 정도에 따라 식기의 오염 정도를 파악하고 세척 시간과 수온을 자동으로 설정해 작동한다. 눌어붙은 음식 찌꺼기의 불림 기능이 추가돼 오목한 식기도 말끔히 씻어준다. 세척이 끝나면 기기 문이 자동으로 열려 식기를 말려준다. 얼음물을 바로 마실 수 있도록 도와주는 얼음 정수기도 인기다. 얼음을 미리 얼려야 하는 번거로움을 덜 수 있다. 음식물 쓰레기 처리를 간편하게 해주는 음식물 처리기의 매출도 증가하는 추세다.

▶ 워킹맘의 물건 구매 시 관심 속성 ▶ 롯데렌탈의 프리미엄 육아용품 구독 서비스

• 분석기간: 2019.01.01~2019.07.31
자료: 타파크로스 TrendUp V4

자료: 롯데렌탈

　　현재의 여성들을 이해하기 위해, 그녀들의 삶의 대부분을 차지하고 있는 직장 환경에 대해 이해하는 것은 중요한 일이다. 현재 대한민국 직장인 여성의 라이프스타일은 아이가 있는지 없는지에 따라 극명하게 갈린다. 아이가 있는 워킹맘의 경우, 앞서 살펴본 것처럼 정신없는 삶을 살게 되고 그러한 과정에서 자신을 돌보지 못하는 일이 비일비재하다. 그리고 이러한 워킹맘의 일상을 접하는 미혼 직장인 여성들은 결혼하지 않고, 결혼을 하더라도 아이를 낳지 않아야겠다는 결심을 하게 된다. 현재 극도로 저하되고 있는 출산율 해결의 실마리는 여기서 찾을 수 있을지도 모른다.

03
그녀들의
연애와 결혼

그녀들이 '비혼'과 '탈연애'를 외치는 까닭

대한민국 여성들의 연애관은 변하고 있다. 과거 결혼을 전제로 진지한 만남을 추구해왔던 부모 세대와는 달리 1980~1990년대를 지나오면서 연애 방식은 보다 개방적이고 가벼워졌다. 연애의 달콤함은 누리면서도 무거운 책임감은 적게 느끼게 되면서 연애를 가볍게 여기기 시작했다. 한때, 평생 연애를 해보지 않은 사람들을 '모태 솔로'라 놀리는 상황이 일종의 '밈'처럼 발생함에 따라 어린 학생들의 경우 모쏠 탈출을 일종의 과제로 삼는 경우도 존재했다. 이렇듯 한동안 전 국민이 연애에 목매는 것 같은 상황이 발생하였다. 그런데 어느 순간 젊은 여성들을 중심으로 '탈脫연애'를 외치는 현상이 나타나기 시작했다. 여성들이 연애를 하는 이유는 무엇이고 연애를 하지 않으려는 이유는 무엇일까?

연애도 소비하듯

현 시대의 여성들이 연애를 하는 이유와 관련해 온라인상 담론을 살펴보면 '결혼'이라는 현실적 목적 외에도 '데이트', '타인 의식', '정서적 만족' 등을 추구하는 것으로 분석됐다. 여전히 많은 여성들이 연애와 결혼을 연결 짓고 있으나 과거에 비해 그 정도가 낮아졌고, 연애 그 자체를 즐기려고 하는 모습을 보이고 있다. 전시 욕망 또한 연애를 하는 목적이 된 것으로 보인다.

SNS에는 온갖 종류의 '럽스타그램'이 넘쳐나고 유명 핫플레이스는 모두 데이트 코스를 표방하고 있다. 세상 모든 사람들이 연애의 기쁨을 누리고 있는 것만 같은 환경 속에서 홀로 연애를 하지 않는 것은 무언가 결핍된 사람으로 보여지는 것 같은 착각이 든다. 이런 상황에서 나 자신도 남들과 다르지 않게 행복하다는 것을 전시하기 위해 연애에 목을 매게 되는 주객전도의 현상도 자주 발생한다는 것이 흥미로운 점이다. 여성들의 연애 목적에서 '타인 의식'이 상위 랭크를 차지한 것은 이러한 사실을 증명하고 있다.

▶ 그녀들이 연애하는 목적

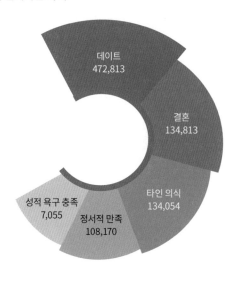

데이트
472,813

결혼
134,813

타인 의식
134,054

성적 욕구 충족
7,055

정서적 만족
108,170

• 분석기간: 2019.01.01~2019.07.31
자료: 타파크로스 TrendUp V4

　　연인을 만나는 방법 또한 다양해졌다. 과거 부모 세대에서 지인의
소개를 통해, 또는 주변 사람과의 자연스러운 만남을 통해 인연을
형성했다면 현재는 온·오프라인을 넘나들며 진지한 만남부터 가벼
운 만남까지 여러 종류의 만남을 경험하고 있다. 특히 눈에 띄는 것
은 '어플'과 '채팅'을 통한 만남이다. 온라인상에서 소개팅 어플과 관
련된 담론은 전체의 3위를 차지하고, 온라인 채팅과 관련된 담론은
8위를 나타났다.

순위	구분	빈도	순위	구분	빈도
1	학교	57,519	6	직장동료	7,304
2	모임	15,260	7	미팅	4,775
3	어플	12,272	8	채팅	4,449
4	클럽	11,436	9	헌팅	4,253
5	소개팅	8,692	10	교회	4,075

분석기간: 2019.01.01~2019.07.31
자료: 타파크로스 TrendUp V4

실제로 인기 소개팅 어플 '정오의 데이트'는 100만 명 이상이 다운로드했으며, 구글 플레이스토어를 통해 4만 건 이상의 사용 후기가 남겨졌다. 이런 트렌드 속에서 외모를 중시하는 '아만다', 고스펙자만 가입할 수 있는 '스카이피플', 반경 1km 내의 사람들을 소개해주는 '1km' 등 다양한 형태의 소개팅 어플이 등장했다. 과거에는 온라인에서 관계를 형성하는 사람들을 사회 부적응자로 보는 인식도 존재하긴 했으나 현재는 온라인을 통해 만남을 가지는 것이 꽤나 자연스러워졌다. 게임, 공부, 스포츠 등의 취미를 온라인 커뮤니티를 통해 공유하다 오프라인까지 관계가 확장돼 커플이 된 사람들을 심심치 않게 볼 수 있다.

2018년 1월 소개팅 어플 '아만다'를 운영하는 넥스트매치가 회원 1만 명을 대상으로 진행한 조사 결과에 의하면, 소개팅 어플의 경우 "인맥에 기대지 않고 스스로 인연을 만날 수 있는 것(54%)"이 가장 큰 장점인 것으로 나타났다. 이어 마음에 드는 상대를 직접 선택할 수 있다(51.1%), 주변 인맥을 통해 만날 수 없는 사람을 만날 수 있다(44.7%), 빠른 시간에 많은 사람을 만날 수 있다(20%) 등을 장점으로 손꼽았다. 지인 소개팅에 '부담'과 '한계'를 느끼는 2030세대가 소개팅 어플을 선호하는 것으로 분석된다.[53] 소개팅 어플 외 커뮤니티 등을 통한 온라인 만남 역시, 취미를 공유할 수 있다는 점과 더불어 이와 유사한 이유로 선호되는 것으로 예상된다.

"내가 요즘 소일거리로 보내는 스카이피플 어플. 좀 더 구체적으로 이 어플을 알아봤다. 어떤 기준과 필터링이 있는가. 우선 남자는 학력, 직장, 직업 등에서 위 기준을 만족시켜야 한다. 저거 아니면 안 되는건가 본데…… 내 친구도 이 어플하는데 여자들 대쉬가 엄청나다는군… 매주 녀석의 소개팅 썰이 단톡방에서 우리들을 웃기기도 하고 안타깝게 하기도 한다."

"사람을 만날 기회가 별로 없어서 결국 스카이피플이라는 것을 해보게 되었지. 남초나 여초 같은 부자연스러운 상황에서 부자연스러워 보일 수 있는 만남 어플을 사용하는 것은 나쁜 것이 아니야!"

– 트위터 中

'탈연애' 현상

그렇다면 여성들이 연애를 하지 않는 이유는 무엇일까? 온라인 담론 분석 결과, 연애와 관련된 부정적인 경험이나 사회적 이슈가 탈연애를 유발하는 원인이 되는 것으로 드러났다. 부정적인 경험이라 함은 데이트 폭력, 이별 후 스토킹 등을 들 수 있다. 실제로 데이트 폭력 문제는 해를 거듭할수록 급증하는 추세로 사회 문제로까지 대두되는 실정이다. 경찰청에 의하면 2019년 7월 1일부터 8월 31일까지 '데이트 폭력 집중 신고 기간'을 운영한 결과, 불과 두 달 사이에 4,185건을 신고받아 2,025명을 형사 입건했다고 한다. 이는 비율로 따졌을 때, 지난 2017년 1년 동안 발생한 1만 303건을 훌쩍 뛰어넘는 수치이다.[54]

데이트 폭력이 경범죄 수준을 넘어 살인 등의 강력 범죄로 이어지는 경우도 다수 존재한다. 헤어진 여자친구를 살해한 남성이 3년형을 선고받았다는 사회 이슈에 여성들의 비난이 쏟아지고, 온라인상에서는 헤어진 남자친구가 주거지를 침입했다거나, 가해자보다 피해자가 사회적으로 더 어려운 상황에 처하는 현실과 관련된 담론이 이어지고 있다. 이러한 개인의 어두운 연애 경험과 데이트 폭력이 제대로 처벌받지 못하는 사회 분위기 속에 '탈연애'를 외치는 국내 여성들이 등장하면서 하나의 트렌드가 되고 있다.

▶ 그녀들이 연애하지 않는 이유

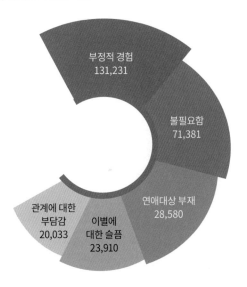

• 분석기간: 2019.01.01~2019.07.31
자료: 타파크로스 TrendUp V4

"여성학 교수님이 데이트 폭력 다룰 때 말씀하신건데 1. 피해자는 자신이 당하는 게 폭력인 것을 인지하지 못하는 경우가 많고 2. 가해자가 제일 먼저 하는 게 주변인 관계를 자기 빼고 다 끊어내는 거라고. 본인이 만난 여러 피해자들 중에서 친구들이 곁에 있어줘서 용기 내서 벗어날 수 있던 경우가 많았다고, 만약 본인 친구가 이런 거 같다면 왜 못 벗어나는지 다그치려 하지 말고 끝까지 곁에 있어달라고 하셨다."

– 트위터 中

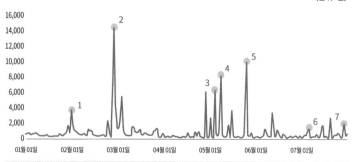

▶ 연애 관련 부정적 경험 담론 추이

(단위: 건)

1 헤어진 여자친구를 살해한 남성이 재판에서 3년형을 선고받아 분노 확산
2 지인의 전남자친구가 이별 보복을 위해 주거지를 침입했다가 실수로 다쳤다는 경험담이 온라인상 확산
3 데이트 폭력을 일삼은 해외 아티스트를 옹호하는 글에 네티즌들 분노
4 데이트 폭력 관련 문제가 있었던 BJ 보겸을 통신사 모델로 기용해 논란 확산
5 데이트 폭력 가해자보다 피해자가 사회적으로 더 어려운 상황에 처해지는 현실에 분노
6 자신의 업무를 무시하는 남자친구와 이별한 사연 공개
7 살인까지 이어지는 일부 남성들의 이별 보복이 지나치게 잔인하다는 내용 공유

• 분석기간: 2019.01.01~2019.07.31
자료: 타파크로스 TrendUp V4

　이러한 가운데 '탈연애 운동'은, 젊을 때 연애하지 않는 사람을 '비정상'으로 규정하는 '정상 연애 중심주의'와 연애란 이름 아래 발생하는 데이트 폭력과 이별 살인 등을 규탄하는 운동이다.[55] 탈연애 운동은 연애를 하지 않겠다는 개인적 선언을 넘어서 연애로 인해 발생하는 사회적 문제에 대한 저항의 의미와 함께 흔히 '정상적'이라고

쉬코노미가 온다

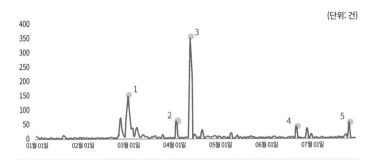

▶ **탈연애 관련 담론 추이**

(단위: 건)

1 탈연애 선언은 기존의 '정상 연애'가 아닌 다양한 연애 방식을 인정하자는 의미라는 담론 공유
2 탈연애 관련 좌담회 소개
3 탈연애는 페미니즘 의제와 별개로 다뤄야 한다는 의견
4 탈연애 의제를 무조건 비난하는 사람들이 불편하다는 담론 공유
5 탈연애를 하자는 의견 공유

• 분석기간: 2019.01.01~2019.07.31
자료: 타파크로스 TrendUp V4

표현하는 연애를 넘어서 다양한 형태의 연애 방식을 인정하겠다는 개방주의를 포괄하고 있다. 여자친구는 귀엽고 애교가 많아야 하고 남자친구는 항상 상대를 리드해야 한다는 고정관념을 탈피하고자 하는 의도 또한 포함되어 있다. 즉, 탈연애는 연애를 절대 하지 않겠다는 선언보다는 기존의 부정적 연인 관계를 지적하고 기존의 편견에서 벗어나 더 나은 형태의 연애를 지향하는 움직임에 가깝다고 볼 수 있다.

"탈연애 선언은 연애를 아예 하지 말자는 게 아닙니다. 기존에 정상적이라고 여겨지는 '정상 연애'에서 벗어나 다양한 연애 방식을 인정하자는 얘기인데요. '정상'이라 불려온 연애 각본을 찢어버리고 자신만의 연애를 하자는 것이죠."

– 트위터 中

실제로 '인연'과 관련된 감성어를 살펴보면 '좋아하는', '행복한', '감사' 등의 긍정적 감성어와 동시에 '힘든', '걱정', '불안' 등의 부정적 감성어가 함께 나타난다. 긍정어의 경우 현재 및 미래 지향적인 단

▶ '인연'과 관련된 감성어

분석기간: 2019.01.01~2019.07.31
자료: 타파크로스 TrendUp V4

쉬코노미가 온다

어가 많으며, 부정어의 경우 과거의 안 좋았던 경험에 의한 것이 많다. 결국 여성들의 궁극적인 연애 지향점은 과거의 좋지 않았던 기억들을 개선하고 좀 더 나은 미래로 나아가고자 하는 방식으로 발전될 것이다.

그녀들의 결혼 사정과 '비혼'이라는 선택

자발적 결혼 거부

대한민국 여성의 평균 초혼 연령이 높아지고 있다. 아예 비혼非婚을 선언하는 여성들도 증가하고 있다. 탈연애를 넘어서 비혼주의가 만연하고 있는 문화는 사실 여러 사회적 문제를 초래한다. 결혼이라는 제도는 새로운 사회 구성원을 재생산해내는 역할을 하고, 그를 통해 이룬 가정은 사회의 세포로서의 역할을 하기 때문이다.

온라인상에 여성의 비혼과 관련한 담론이 증가하고 있는 현상은 비혼에 대한 관심이 증가하고 있는 것을 입증한다. 2019년 1월부터 7월까지 '비혼 여성'과 관련된 게시글은 22만 4,695건에 이른다. 젊은 세대가 과거에 비해 결혼을 하지 않는다는 이야기는 사실 오래전부터 나왔던 주제이다. 처음 혼인율이 떨어지고 있다는 이야기가 나왔을 때 대부분의 분석 자료에서는 그 원인을 젊은 세대의 취업난으

—남편 —아내

35						
30	27.8	28.4	29.1	30.53	31.61	32.42	33.15
25	24.8	25.3	26.3	27.52	28.71	29.81	30.4
20						
15						
10						
5						
0						

1990 1991 1992 1993 1994 1995 1996 1997 1998 1999 2000 2001 2002 2003 2004 2005 2006 2007 2008 2009 2010 2011 2012 2013 2014 2015 2016 2017 2018

자료: 통계청 국가통계포털

로 설명했다. 2015년에 등장했던 단어인 'N포 세대'는 경제적 어려움으로 인해 2030세대가 '연애', '결혼', '출산', '내 집', '인간관계'를 포기하고 있다고 판단했다. 이러한 분석은 사회적 공감을 얻으며 'N포 세대'의 현실이 뉴스 채널, 보고서 등을 통해 재확산되었다.

그러나 이와 같은 것으로 비혼을 선언하는 여성들이 급격히 증가하는 이유를 설명하기는 힘들다. 'N포'라는 단어의 의미에는 비자발적이고 수동적인 어감이 담겨 있다. 즉, 연애와 결혼을 하고 싶지만 스스로가 처한 사회적 현실로 인해 어쩔 수 없이 포기했다는 의미를 함축하고 있다. 그렇기 때문에 N포 세대에서 나타나는 미혼 현상은 우울하고 쓸쓸하며 사회적 해결이 필요한 문제점으로 인식된다.

▶ 여성 비혼 관련 연도별 언급량 변화

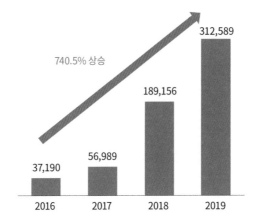

• 분석기간: 2016~2019년, 1월~7월 동기간
자료: 타파크로스 TrendUp V4

▶ 미혼과 비혼 관련 감성어 비교

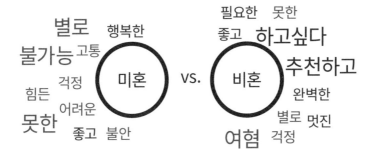

• 분석기간: 2019.01.01~2019.09.30

▶ 미혼 관련 연관어

글자 크기: 언급량

여성 결혼 친구 문제 기혼 남녀 부모 한국 사회 가족 관계 건강 서울 교육 남성 집 자녀 혼자 조사 비혼 연구 스트레스 차이 소리 마련 국가 과거 비용 수도 능력 가격 음식 추천 출산 정신 자연 미래 존재 반대 혼자 평균 비율 해결 발생 노력 직업 문의 치료 소득 대화 관리 조건 기회 엄마 임신 머리 혼인 수술 한사람 회사 부모님 직장인 현실 프로그램 기본 병원 카페 여행 얼굴 유지 학교 연애 정리 운동 변화 상담 경험 요즘 기억 보험 활동 직장 사업 회원 아들 가입 남편 부족 부부 참고 만남 환경 배우자 이혼 매력 대학 필수 행동 불가능 안정

▶ 비혼 관련 연관어

글자 크기: 언급량

여성 결혼 문제 친구 정치 제도 국민 미닫이 이율 혜택 수도 인간 한국 국민 노령 페미니스트 안전 부모 엄마 직업 창문 관계 가입 적금 남편 존재 부모님 센서 소비 임금 영화 친구들 행복주택 필름 문자 아파트 확률 차별 사회 요즘 학교 선물 모임 주거 경험 주택 한남 혼인 공유 출생 대출 건강 미혼 연애 선언 서울 보조키 비연애 독립 회사 경력 소리 부동산 청년 운동 출산 기혼 혼자 가족 목표 마비스 1인 가구 추천 가정 트위터 육아 네가지 무료 은행 집 남성 가부장 공부 현실 공감 동일 차단 주택청약 대화 혐오 정책 국가 활동 페미니즘 정리 야망 혼자산다 가부장제 육각 슬라이락

• 분석기간: 2019.01.01~2019.09.30
자료: 타파크로스 TrendUp V4

쉬코노미가 온다

'비혼'은 이와 달리 스스로가 원해서 결혼하지 않는다는 의미로 보다 능동적 의미를 포함하고 있다. 따라서 단순한 '미혼'보다는 진취적이고 자발적이며 미래 지향적인 감성을 내포하고 있다는 것이 특징이다. 이는 온라인상의 연관어 및 감성어 분석에도 잘 드러난다. '미혼'과 관련한 연관어는 '결혼'이 가장 크게 언급되고, 상위 10개의 감성어 중 8개가 '별로', '불가능', '못한' 등의 부정 감성으로 드러난 반면, '비혼'과 관련한 연관어는 1위가 '여성'이며, 상위 10개의 감성어 중 6개가 긍정 감성인 것으로 드러났다. 게다가 1·2위 감성어는 '하고 싶다', '추천한다'로 드러나, 비혼이 좀 더 자발적이고 긍정적임을 알 수 있다.

함께 비혼하기

이러한 기조는 온라인상에서 나타나고 있는 담론을 통해서도 확인할 수 있다. 온라인상에서 화제가 되었던 비혼 여성 관련 담론은 주로 비혼의 삶이 얼마나 만족스럽고 멋있는지에 대한 것들과 홀로 사는 여성들이 더욱 안전한 삶을 누릴 수 있도록 도와주는 팁들로 구성되어 있다. 비혼 여성들은 자신들의 삶을 비참하다고 생각하지 않으며, 스스로가 선택했다는 점에 대한 자부심을 가지고 살아가고 있는 점이 엿보인다.

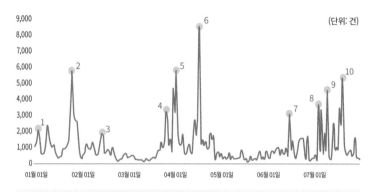

▶ 여성 비혼 관련 온라인 담론 추이

(단위: 건)

1 비혼 여성의 삶이 만족스럽다는 글 공유
2 '미혼'이라는 표기 대신 '비혼'이라는 표현을 사용하자는 담론 확산
3 비혼 여성을 위한 셰어하우스 소개
4 비혼 여성의 삶을 다룬 도서를 추천하는 글에 관심
5 미혼모 문제를 여성의 탓으로만 돌리는 사회 분위기 비판
6 혼자 사는 비혼 여성을 위한 안전 지킴 아이템 4종 추천
7 비혼을 추구하는 한 여성이 자기계발 팁을 공유해 네티즌들 관심
8 비혼주의자로 알려진 스브스뉴스 이은재 PD에 대한 긍정적 관심 확산
9 비혼 여성의 부동산 계약 팁 공개
10 비혼 여성을 위한 금융 상식 팁 공유

• 분석기간: 2019.01.01~2019.07.31
자료: 타파크로스 TrendUp V4

"사람들이 서른 넘은 비혼 여성의 만족을 의심한다는 말 너나 공감한다. 그래 너는 믿고 싶지 않겠지. 어깨 축 처진 채 아무도 없는 집에 들어와 불을 탁 키면 그때부터 쏟아지는 나의 평화와 자유의 시간을 너는 믿고 싶지 않겠지. 아무튼 세상엔 그런 꿀이 있어."

쉬코노미가 온다

"비혼 여성은 아무래도 혼자 살게 될 확률이 높은데 독립하여 혼자 산다 가정했을 때 안전 관련으로 추천한다면 이 네 가지를 추천하고 싶다. 1. 문 열림 센서 2. 미닫이 창문용 슬라이락 3. 마비스 육각 보조키 4. 시선 차단 필름 #비혼여성의_삶"

"호구 안 잡히는 법ㅋ 독립한, 독립 예정인 모든 여성들이 꼭 봐야 할 영상! 자취 10년차와 이사 1n회차 두 비혼 여성의 경험을 탈탈 털어서 집 고르기부터 부동산 계약, 입주까지 체크리스트를 한방에 담았습니다. 8시 최초 공개 됩니다."

"언니가 물려준 것 중에 (아이보단 내) 마음에 든 책. 책 애호가인 소녀가 자라서 도서관을 만들고, 나중엔 친구와 여생을 보낸다. 비혼 여성의 동거, 책, 그리고 고양이라니. 트위터에서 꿈꾸는 완벽한 노년상! 그림도 이야기도 정말 좋아서, 마치 한 편의 잘 만든 전기."

이러한 풍조는 78년 동안 비혼을 유지한 채 살아가 화제가 되었던 '김애순 할머니'에 대한 여성들의 뜨거운 반응을 통해 확인해볼 수 있다. 김애순 할머니는 과거 〈까칠남녀〉, 〈뜨거운 사이다〉 등 프로그램에 출연해 비혼주의자로서 자신의 삶을 당당하게 밝혀 관심을 모은 인물이다. 결혼하지 않은 여자를 가장 비참한 존재로 생각했던 시대에 태어난 여성이 독신의 삶을 스스로 선택했다는 것에 많은 여성들은 존경을 표했다. 또한 김애순 할머니가 《싱글들의 파라다이스》, 《독신, 그 무한한 자유》, 《독신 그 멋과 매력》 등 행복한 독신주의에 대한 책을 쓴 저자라는 사실과 세상의 편견에 맞서 싸우기 위해 누구보다 열심히 일하며 국회의원 비서관까지 역임했다는 사실에 사람들은 감탄했다.

비혼을 택한 여성들은 타인의 시선에 좌지우지되지 않고 나의 선택으로 사는 삶에서 '안정적'이고 '매력적'이며 '행복하다'고 느끼고 있다. 혼자 사는 여성들을 향한 '폭력' 및 '안전'의 문제에 대해서는 비혼 여성들 간 연대를 통해 안전을 지켜주는 물품을 추천해주거나 소소한 팁을 공유하는 등의 행보를 보이고 있다.

이상적 결혼 생활과 현실의 괴리

비혼을 선언하는 여성들이 증가하고 있다고 해서 이들이 사랑의 감정과 결혼 자체를 부정하고 있는 것은 아니다. 앞서 언급했던 김애순 할머니는 한 인터뷰에서 "결혼은 자기가 여건이 될 때, 죽고 못 사는 애인이 생겼을 때 하면 되는 것이며, 요즘엔 늦어서 결혼 못 하고 그런 거 없으니까 초조하게 생각할 거 없다"고 말했다. 또한 "일찍 한다고 행복하고 늦게 하거나 안 한다고 불행한 것도 아니며 주위 사람 신경 쓰지 말고 자기 주관대로 살면 된다"고 얘기하고 있다. 이 말이 비혼을 선언하는 여성들의 마음을 대변하고 있다고 해도 과언이 아니다.

탈연애와 비혼을 선언하는 여성들의 사랑과 결혼에 대한 인식은 최근 인기를 끌었던 결혼 관련 프로그램과 여성들이 이상적으로 생각하는 남편에 대한 인식을 통해 살펴볼 수 있다. 최근 몇 년간 인기를 끌었던 대표적인 결혼 생활 관련 프로그램에는 〈우리 결혼했어요〉, 〈효리네 민박〉, 〈동상이몽〉 등이 있다. 〈우리 결혼했어요〉는 인기 연예인들이 가상으로 결혼하는 상황을 만든 프로그램으로 2017년에 종영했다. 〈효리네 민박〉은 가수 이효리가 그녀의 남편 이상순과 함께 제주도에서 민박을 운영하는 프로그램으로 톱스타 이효리의 결혼 라이프스타일을 엿볼 수 있어 화제가 되었다. 마지막으로 〈동상이몽〉은 현재까지 진행되고 있는 프로그램으로 다양한 분야의 커플들이 살아가고 있는 모습을 담고 있다.

세 예능 프로그램의 최고 시청률은 각각 9.1%, 10.8%, 8.1%로 상당히 높은 수준을 기록했다. 이러한 높은 시청률은 젊은 여성들의 결혼 생활에 대한 로망을 대변한다. 특징적인 점은 세 프로그램에서 최고의 인기를 끌었던 남편들의 성향이 유사하게 나타난다는 것이다. 〈우리 결혼했어요〉의 경우 '알렉스'와 '에릭남', 〈효리네 민박〉은 '이상순', 〈동상이몽〉은 '우효광'과 '인교진'이 있다. 이들은 모두 다정하

▶ '이상적 남편' 관련 중시 속성

순위	연관어	빈도	순위	연관어	빈도
1	노력	1,866	6	행동	1,426
2	가정	1,814	7	선물	1,310
3	관계	1,741	8	연애	1,294
4	좋은 아빠	1,724	9	대화	1,186
5	건강	1,660	10	능력	1,096

• 분석기간: 2019.01.01~2019.07.31
자료: 타파크로스 TrendUp V4

고 가정적이며 아내를 배려하는 모습을 보여주었다.

여성들이 어떠한 남편을 이상적으로 바라보고 있는지에 대해서는 온라인 담론을 통해서도 확인할 수 있다. '이상적 남편'과 관련해 여성들이 중시하는 속성의 상위권에는 '노력', '가정', '관계', '좋은 아빠' 등 가정적이고 관계 중심적 단어들이 추출되고 있다. 과거에 '강인한 남성', '능력 있는 남성'이 좋은 남편의 조건이었다면 현재는 가정적이며, 아내와의 관계를 위해 대화할 수 있는 사람에 더욱 애정을 느끼고 있다. 실제로 언제나 가상의 아내를 세심하게 배려해주었던 '에릭남'으로 인해 '1가정 1에릭남' 열풍이 일어났고, 이효리의 정서적 버팀목이 되어 주고 있는 '이상순'은 과거 '미녀와 야수'로 불리던 것에서 탈피해 가장 이상적인 남편으로 사랑을 받았다.

그러나 현실의 결혼은 이상적인 가정의 삶과는 괴리가 나타나는 경우가 종종 발생한다. '결혼'과 관련된 온라인상 담론을 살펴보면 시댁과의 고부 갈등에 대한 이야기가 다수 표출되고 있다. 현대 여성들에게 있어 결혼이란 남녀가 동등한 입장에서 서로 관계를 다지며 본인들만의 안락한 세계를 구축해나가는 것이다. 그러나 전통적인 결혼관에서 여성이란 남성의 집에 종속되는 형태였고, 남녀의 역할은 명확하게 구분되어 있었다. 문제는 전통적 결혼관을 가진 사람이 여전히 많기 때문에 그 사이에서 오해와 갈등이 생겨난다는 점이다.

"원래 결혼생활에 대한 로망은 없었지만 이건 아니지 이게 뭐임 진짜… 김지영 씨 우는 거 보고 나도 울었음 사랑하고 또 이 사람과 함께 미래를 꾸려나가고 싶어서 한 결혼일 텐데 이게 뭐냐고 같이 있어도 너무 외롭고 자기 편 하나 없는데 이게 뭐야 진짜 보는 나까지 슬프고 외로워."

– 트위터 中

대표적인 예로 최근 인기 예능 프로그램 〈미운 우리 새끼〉에 출연한 인기 남성 가수 K의 어머니의 발언이 트위터상에서 논란이 되었던 점을 들 수 있다. 가수 K의 어머니는 '아들이 서울에 혼자 있으니까 신경이 쓰인다. 먹는 것도 항상 사 먹더라. 그래서 결혼을 더 빨리

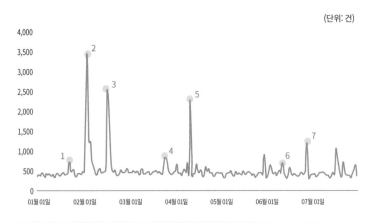

▶ '결혼' 관련 온라인 담론 추이

(단위: 건)

1 데이트 폭력 가해자와 결혼하는 친구가 안타깝다는 의견 공유
2 결혼해서 가족이 될지 하인이 될지 알고 싶으면 남자친구 집에서 밥을 먹어보라는 조언 화제
3 무례한 예비 시어머니 때문에 사귀던 남자친구와 헤어졌던 배우 '김수미' 사연 공유
4 비혼 여성의 삶을 다룬 도서를 추천하는 글에 관심
5 캐나다는 임신 상태 유지가 오롯이 여성의 선택에 달려 있다는 정보가 공유돼 관심 확산
6 고부 갈등으로 인해 파혼에 이르는 경우가 많다는 게시글에 공감
7 종갓집 관련 괴담이 온라인상 확산

분석기간: 2019.01.01~2019.07.31
자료: 타파크로스 TrendUp V4

했으면 좋겠다'라고 이야기했다. 전통적 관점에서 집안일에 전념하며 순종을 미덕으로 여겼던 여성이 남편의 밥을 차려주는 것은 전혀 이상할 것이 없는 일이다. 그러나 현대적 관점에서는 결혼 후 홀로 집안일을 도맡아하고 싶은 여성은 없을 것이고, 남성의 입장에서도 밥

쉬코노미가 온다

을 얻어먹기 위해 결혼하고 싶은 사람은 존재하지 않을 것이다. 그러나 여전히 결혼은 가족 간의 결합이란 인식이 팽배한 우리 사회에서 세대 차이로 인한 고부 갈등은 존재하며, 그 아래에서 교육받고 자란 남녀의 입장도 다를 수밖에 없는 것이 현실이다.

결혼에 대한 이상과 현실의 괴리로 인해 결혼 생활이 행복하지 않을 것이라 생각한 여성들은 결혼과 비혼 사이에서 고민한다. 결혼 생활에 희생이 따르는 것이 분명한 상황에서 개인적 행복이 보장되지 않는다면 굳이 타인의 시선을 의식해 결혼할 필요는 없다고 판단한 것이다.

몇 해 전 페이스북과 인스타그램을 통해 인기를 끌었던 웹툰 〈며느라기〉는 이러한 현실을 반영한다. 주인공 '민사린'은 직장인 여성으로 남편과 별 탈 없는 연애 생활을 거친 후 결혼한다. 동등한 입장에서 시작한 두 사람이었으나 결혼 생활이 시작된 후 지위가 달라진다. 주인공은 명절 때 일하지 않는 남성들, 친정에 먼저 갈 수 없는 상황 등에 모순을 느끼지만 착한 며느리가 되어야 한다는 사회적 분위기 속에서 갈등하게 된다. 해당 웹툰은 많은 여성들의 공감을 불러일으키며 단행본까지 출간되었다. 이처럼 결혼과 가정에 대한 젊은 여성들의 이상이 변했음에도 이에 맞는 문화적 변화는 더딘 점이 여성들로 하여금 결혼을 고민하게 만드는 주된 원인으로 작용한다.

▶ '결혼' 관련 긍정어 및 부정어

긍정어

아름다운
저렴하게 가치
따뜻한 매력특별한
행복한 편하게 친절하게
가장좋은 예쁜 고급 화려한
사랑하는 개멋 고백
감동 감사 필요한 사랑받고
도움
부담없이 믿고 착한 잘맞는
깔끔하게 합리적인
자연스럽게 소중한

부정어

폭력
슬픈 불안감엄습
거부 못해 불안 시행착오
부족한 이혼 걱정 부끄러운
가난 별로 실망
아쉬워 나쁜
미안해 힘든 어려운
화나서 낭비 어쩔수없이 고통
부정적 무서운
쓸데없는 불편한
원망 정신없는

• 분석기간: 2019.01.01~2019.07.31
자료: 타파크로스 TrendUp V4

"며느라기 진짜 훌륭한 작품인가보다. 나랑 아무리 논쟁해도 씨알도 안 먹히던 남자들이 읽고 나서 며느리라는 포지션 자체가 부당하다는 걸 처음으로 실감하네. 한 명은 심지어 며느리가 돼서 전 부치는 꿈도 꿨다고."

"캐나다인 친구가 임신했을 때, 본인과 남자친구의 건강과 가족력, 경제 상황, 결혼 계획 등을 생각하며 임신 유지를 할 건지 말 건지 의논하고, 중단하기로 결정하면 병원에서 곧장 안전한 방법으로 조치를 해줄 뿐더러 비용도 보험 처리된다고 당연한 듯 얘기해서 깜짝 놀랐었다."

– 트위터 中

현재 대한민국 미혼 여성들은 연애와 결혼을 해야 하는지 말아야 하는지에 대해 치열하게 고민 중이다. 연애와 결혼 모두 하고 싶은 생각은 있지만, 현실적으로 발생하는 여러 안 좋은 사건, 상황, 직접적 또는 간접적 경험들이 그녀들을 망설이게 한다. 이는 모든 선택에서 불확실성을 피하려고 하는 심리와 맞닿아 있다. 즉, 연애와 결혼의 결과가 행복으로 이어질지 불확실하기 때문에 선택을 피하고자 하는 것이다. 여성들의 이러한 심리와 가치는 사회 구조와 시스템의 변화로 이어진다. 2019년 현재 그녀들의 연애 및 결혼관은 이러한 변화의 방향성을 가늠하게 하는 열쇠다.

4부

그들은 어떻게
그녀들의 마음을
사로잡았나

01
스펙이 아닌
스토리를 사는 그녀들

공감 및 소통, 그리고 감동에 집중하라

몇 년 전 EBS 다큐프라임 〈아이들의 사생활: 남과 여〉라는 프로그램에서 여자아이와 남자아이를 대상으로 실험을 진행한 바 있다. 엄마가 자신의 아이와 놀이를 하다가 손을 다쳐 우는 척을 한다. 이때 여자아이와 남자아이의 반응을 살펴보면, 여자아이는 엄마의 고통이 자기 고통인 마냥 울먹이다가 울음을 터뜨리는데, 반면 남자아이는 엄마가 고통을 호소해도 별다른 반응 없이 놀이를 계속하였다. 여성이 남성보다는 어린 시절부터 타인의 감정에 공감을 하는 능력이 강하다는 것을 이 실험 결과를 통해 알 수 있다.

▶ **EBS 다큐프라임 〈아이들의 사생활: 남과 여〉의 한 장면**

체계화 능력   공감 능력

자료: EBS

여성은 흔히 남성보다는 소통 능력과 공감 능력이 높다고 여겨진다. 선사시대부터 여성은 출산과 양육을 맡았고, 아이를 혼자 키우는 일이 어려워 다른 사람과의 연대가 반드시 필요했기 때문이다. 이와 더불어 말 못하는 아이와 의사소통 하는 과정을 거치면서 여성은 소통과 공감 능력을 발달시키는 방향으로 진화해온 것으로 알려졌다.

전 세계적으로 여성 리더들이 빠르게 증가하는 이유도 여기에 있다. 뛰어난 공감과 소통 능력으로 기업을 이끌고 소비자와 교감하며, 창조적인 리더십을 발휘할 수 있는 것이 발판이 되었기 때문일 것이다. 이러한 여성의 공감과 소통 능력은 사회 현장에서 리더십을 발휘해야 하는 경우뿐만 아니라, 여성을 타깃으로 한 마케팅을 성공시키

쉬코노미가 온다

기 위해 반드시 고려해야 할 요소로 고려되고 있다.

소통은 최근 기업과 브랜드 마케팅에서 중요한 요소로 자리 잡고 있다. '소통 마케팅'은 기업과 브랜드가 다양한 채널을 통해 소비자와의 소통을 강화하고, 인지도와 친밀함을 높이기 위한 양방향 마케팅 전략이라 할 수 있다. 특히 여성의 경우 높은 소통 능력으로 상품과 브랜드에 대해 발빠르게 입소문을 내는 주체다. 여성들의 언어와 의사소통 방법으로 호흡을 맞추어 소통 마케팅을 전개하고 공감을 얻어낼 수 있다면, 빠른 구전 효과를 기대할 수 있다. 일반적으로 여성은 구매를 결정할 때 주변 사람들의 의견 및 추천 등에 영향을 크게 받는다. 따라서 여성 소비자들에게 제품, 서비스와 관련해 긍정적인 입소문을 퍼트리는 것은 제품, 서비스의 성공과 소비자 확산에 큰 기여를 할 수 있다.

감동을 주는 것에 움직인다

고객에게 감동을 주는 것은 고객과의 소통과 신뢰도 상승을 극대화할 수 있는 방법이다. 감동을 주는 것은 인간관계에 있어 서로 신뢰를 높일 수 있는 가장 기본적인 감정이기 때문이다.

스타벅스는 고객감동브랜드지수(K-CSBI) 커피 부문에서 총 6회를 수상한 바 있다. 스타벅스의 고객 감동 마케팅 기법에는 다양한 것이 있겠지만, 그중 가장 널리 알려진 것은 2014년부터 시작된 '콜 마이 네임Call My Name' 서비스다. 이 서비스는 스타벅스 홈페이지에서 본인 이름, 닉네임을 등록한 후 음료 주문 시 스타벅스 카드로 결제하면 서비스를 받을 수 있다. 타 커피 브랜드에서는 진동벨을 준다든지, 주문 음료나 번호 등으로 고객을 부르는 경우가 일반적인데, 스타벅스는 고객 이름이나 닉네임을 불러주어, 바리스타와 고객의 정서적 교감을 중시한다. 결과는 대 히트였다. '숨겨두었던 나의' 고객님, '평양에서 오신' 고객님 등 해학적인 닉네임이 넘쳐나면서 직원이나 고객에게 유쾌하고 즐거운 경험을 선사했고, 이러한 분위기에 동참하고 싶어 일부러 스타벅스 온라인 서비스를 등록하는 사람들도 증가했다고 한다.

스타벅스 외에도, 고객 감동으로 성공한 케이스는 많다. 통영 동피랑 벽화마을에 있는 카페 '꿈'의 여주인은 단골도 아닌 관광객에게 풍족한 서비스 음료를 내어주는 것으로 알려져 있다. 예를 들면, 4명 손님에게 음료를 3개만 시키라고 한다든지, 집에서 담근 매실차·레몬쥬스 등 메뉴판에 없는 음료를 2~3잔이나 더 서비스로 내어주기도 한다. 또한 여주인이 어떤 관광객이더라도 어색하지 않게 다가가서 말을 걸고, 이야기를 들어주는 친근함도 이 카페만의 특징이다. 거래보다는 관계, 이익보다는 공감을 더 중요시하는 그녀만의 고객 감동 마케팅에 카페 '꿈'에는 손님들의 발길이 끊이지 않는다.

맞춤형 소통을 개발하라

뷰티 업계에서 고객과의 소통을 통해 감성과 재미를 전달하는 사례로는 러쉬 코리아의 사례를 들 수 있다. 러쉬는 멤버십 프로그램 '러쉬 덕찌'를 운영해오고 있다. 러쉬 덕찌는 사랑스러움이 '덕지덕지' 붙은 러쉬의 멤버쉽 배지를 일컫는 말로, '러쉬와 함께 착한 일에 동참하며 덕도 많이 쌓으라'는 의미를 담고 있다. 러쉬 덕찌 배지를 획득하는 방법은 러쉬 매장에서 근무하는 스텝들과의 커뮤니케이션이다. 매장에서 러쉬 스텝들에게 첫 구매를 알리는 고객에게는 '반가워찌'를, 생일임을 알린 고객에게는 '태어나찌'가 제공된다.

그 밖에도, 매장 직원이 강력 추천하는 제품을 구매한 고객에게는 '추천해찌', 최근 인생에서 어려운 도전을 시작했음을 알리는 고객에게는 '할수있찌' 배지가 제공되었다. 러쉬 덕찌를 많이 모은 고객에게는 다양한 선물 특전과 영국 러쉬 체험 등이 주어졌다. 러쉬 스텝과의 즐거운 소통, 러쉬 특유의 유니크한 감성과 위트가 더해진 배지를 모으는 재미에, 해당 마케팅은 고객들로부터 좋은 반응을 얻었다.

소통 마케팅이 공감, 감동의 감정을 높이면서 기업과 브랜드에 대

자료: 러쉬 코리아

한 충성도로 이어지게 하려면, 우선 맞춤형 소통을 택해야 한다. 즉, 브랜드나 제품의 특성에 따라 소통의 타깃을 다르게 하는 것이다. 명품 브랜드들이 자사 제품을 자주 이용하는 VIP들을 대상으로 별도로 고객 초청 행사를 실시하는 것이 그 예이다. 이러한 맞춤형 소통 마케팅은 고객의 니즈를 세분화해 타깃 소비자의 니즈에 부합하는 서비스를 제공한다. 따라서, 여성 소비자들의 라이프사이클, 라이프스타일을 사전에 세분화하고 이에 맞춘 전략이 필요한 것이다. 최근에는 인공지능 고객분석 시스템 활용이 증가하면서 고객 니즈 세분화가 가능해지고 있다. 소비자 니즈 세분화에 이러한 첨단 기술을 활용하는 것도 한 방법이다.

체험 마케팅을 적극적으로 활용하는 기업들

여성들은 신체 구조상 감각이 예민하며, 남성에 비해 오감이 발달한 것으로 알려져 있다. 가정의학 전문의인 레너드 삭스Leonard Sax는 한 실험을 통해 미술시간에 남녀 아이들의 크레파스 색상 사용이 다름을 언급하였다. 남자아이들은 차가운 색의 크레파스 6개 이하로 그림을 그리는 반면, 여자아이들은 따뜻한 색의 크레파스 10개 이상을 사용한다는 것이다. 이를 해부학적으로 해석하면, 밝은 빛을 감지하고 색상을 구분하는 원추세포가 일반적으로 여성이 남성에 비해 더 많기 때문에, 여성이 남성보다는 다양한 색상을 사용하고 색상에 대한 민감성이 뛰어나다는 것이다

촉각 인식과 관련된 피부 감각의 경우에도 여성들이 남성들보다 더 발달해 있는 것으로 알려져 있다. 〈신경과학저널Journal of Neuroscience〉에 발표된 연구에 따르면 손가락이 작은 사람일수록 촉각에 더 예민한데, 여성은 대체로 남성보다 손이 작기 때문에 촉각이 더 뛰어나다고 한다. 후각과 청각도 마찬가지다. 소리를 증폭시키는 청각세포의 능력이 여성이 남성에 비해 20% 정도 더 발달해 있고, 냄새에 대한 민감도도 모든 연령대에서 여성이 더 뛰어난 것으로 밝혀져 있다. 후각과 미각은 밀접하게 연결돼 있으며, 여성이 후각에 더 민감한 만큼 미각에 있어서도 예민할 수밖에 없다. 예일대학교의 한

연구에 따르면 미각을 느낄 수 있게 해주는 기관인 미뢰의 개수도 남성보다 여성에게 더 많다고 밝혀졌다.

전반적으로 여성이 남성보다 오감이 발달했다는 사실에 기반해 생각해보면, 체험 마케팅이 남성보다 여성에게 더 효과가 뛰어날 수 있다는 결론이 나온다. 즉, 여성은 오감이 충족되어야 지갑을 여는 경향이 강하며 오감을 충족시키는 다양한 감성 마케팅의 타깃이 되는 것이다. 예를 들면, 여성 의류, 화장품 매장 등에는 남성 매장보다 직접 제품을 체험해보는 테스터 구비라든지, 제품을 시연을 하는 마케팅이 더 보편화되어 있는 편이다. 시각을 자극하는 컬러 마케팅, 청각을 자극하는 음악 마케팅, 향기 마케팅 등은 여성을 타깃으로 더 많이 통용되는 마케팅 방식이다.

일단 경험하게 하라

체험 마케팅은 뷰티 업계에서 가장 활발히 이루어지고 있다. 앞서 언급한 것처럼, 소비자의 체험은 실제 제품에 반영되기도 한다. 상품을 직접 체험한 소비자의 의견을 반영해 상품을 개발하는 식이다. 소비자들이 직접 제품 경험담이나 사진·영상 등을 기업·브랜드 홈페이지에 업로드해서 담론과 입소문을 활성화시키기도 한다. 이 과정에서 담론을 활성화하기 위해 제품을 무료로 제공하거나 소정의 원

▶ 파우더룸 이벤트 메뉴 내 뷰티 체험단 모집 화면

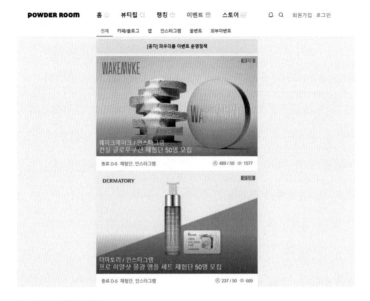

자료: 네이버 카페 '파우더룸'

고료를 제공하는 뷰티 체험단이 운영되기도 한다.

최근에는 화장품 체험단을 전문적으로 운영하는 플랫폼 기업들도 생겨나는 추세이다. 가장 대표적인 뷰티 플랫폼으로는 '파우더룸'이 있다. 해당 플랫폼은 화장품 리뷰 콘텐츠를 원동력으로 성공가도를 달리고 있다. '파우더룸' 네이버 카페와 앱에 등록된 리뷰 콘텐츠는 약 200만 건에 달한다고 한다. 파우더룸은 소비자가 자신에게 맞는 뷰티 제품을 잘 찾을 수 있도록 작성자의 연령대, 피부 타입 정보도 리뷰에 포함하고 있다. 게다가 리뷰 작성자의 재구매 여부를 공개해 후기글의 신뢰도를 높인 것이 신의 한 수였다. 파우더룸을 통해 뷰티 제품 체험단을 진행 중인 브랜드는 약 100여 개에 달한다.

체험단은 뷰티 부문에만 국한되어 있지 않다. 식품 업계에서도 신제품을 출시할 때 체험단을 운용하는 경우가 많다. 일례로, 농심은 주부들의 참신한 아이디어와 건의사항을 폭넓게 수렴하여 제품기획, 홍보, 마케팅에 활용하기 위해 매년 주부 모니터를 선발하고 있다. 해당 체험단은 지난 2000년부터 현재까지 운영되고 있으며, 매장조사, 설문조사, 정기적인 오프라인 모임, 온라인 홍보활동 등 다각적인 활동을 통해 농심 제품에 대한 품질 및 서비스 평가, 신제품 아이디어 제안 등의 활동을 하고 있다. 농심 주부 모니터의 깐깐한 목소리는 지난 2017년 '보글보글 부대찌개면' 출시 당시에도 한몫했다. 농심은 "단종된 보글보글 부대찌개면을 재출시해달라", "최근 프리미엄 라면 열풍에 맞춰 맛과 품질을 업그레이드한 제품을 출시해야 한다" 등 주부 모니터의 의견이 보글보글 부대찌개면 제품 개발에 힘을 실어줬다고 밝힌 바 있다.

노랑통닭에서 진행했던 '착한 돗자리' 프로모션도 기발한 체험으로 여성 소비자들의 마음을 사로잡았던 사례다. 2019년 8월 노랑통

▶ 노랑통닭의 착한 돗자리

자료: 노랑통닭

닭은 한강공원에서 친환경 크라프트지로 만든 돗자리를 무료로 제
공하는 캠페인을 벌였다. 이 캠페인으로 한강을 방문한 소비자들은
잘 썩지 않는 은박 돗자리 대신 친환경 크라프트지 돗자리를 사용할

▶ 쿠첸의 쿠킹 클래스

자료: 쿠첸

수 있었다. 또한 돗자리에는 노랑통닭 치킨 주문이 가능하도록 QR 코드가 새겨져 있었다. 해당 캠페인은 치킨 캐릭터 및 노란색으로 꾸며진 귀여운 디자인과 QR 코드 활용 등으로 아이디어가 신선하다는 평가를 받았다. 특히 친환경 소비에 관심이 높은 여성 소비자들의 마음을 사로잡았다는 후문이다.

식품 업계뿐만 아니라, 가전 업계에서도 체험 마케팅이 활발하게 이루어지고 있다. 프리미엄 가전 브랜드 쿠첸은 오프라인 체험 센터를 적극적으로 활용하고 있다. 이곳에서는 셰프에게 요리를 배

▶ 꽃과 정원을 콘셉트로 화제가 됐던 마몽드의 체험 마케팅

자료: 마몽드

우는 강의를 들으면서 쿠첸 가전을 직접 사용해볼 수 있다. 2019년 10월 기준 쿠첸은 총 3곳의 체험 센터를 운영하고 있다. 해당 기업은 2023년까지 수도권을 중심으로 체험 센터를 총 10곳까지 확대한다는 계획을 가지고 있는데, 체험 후 실질적인 제품 구매로 이어지고 있어 효과가 쏠쏠하다.

아름다운 공간에서 시각적인 즐거움으로 고객의 기분과 감성을 자극, 브랜드와 유대관계를 강화하는 경험을 제공하는 것도 체험 마케팅에 해당한다.

2018년 5월, 에버랜드 로즈페스티벌에서는 '2018 마몽드 가든으로의 초대' 캠페인이 펼쳐졌다. 이 캠페인은 마몽드가 꽃을 브랜드의 근간으로 하고 있다는 콘셉트를 전달하는 공간 체험 프로젝트였

다. 꽃이 주는 생명력과 건강함을 이벤트 공간의 콘셉트로 정하고, 관람객들이 즐길 수 있는 콘텐츠들과 함께 다양한 체험 플랫폼을 마련했다. 대형 에어벌룬과 마몽드 제품 조형물이 관람객의 시선을 사로잡으며, 다수의 사람들이 이를 사진으로 찍고 자신의 SNS 계정에 포스팅했다. 꽃잎이 공중에서 흩날리는 에어돔도 많은 관람객에게 사랑받은 콘텐츠였다. 해당 캠페인은 일일 200~300건의 인스타그램 포스팅, 500~600건의 체험 콘텐츠 횟수를 기록하는 등 큰 호응을 얻었다.

여성에게 통하는 체험 마케팅을 진행하기 위해서는 제품을 판매하는 공간이 단순한 판매 공간이 아니라, 제품에 대한 이해도 및 친숙함을 높이기 위한 공간임을 기억해야 한다. 친숙함을 높이기 위해서는 제품의 콘셉트에 맞은 감성적인 공간으로 매장을 디스플레이할 필요가 있다. 여성들의 경우 전체적인 매장 인테리어나 분위기, 매장 직원의 친절도 등 다양한 감정적 요소에 자극을 받아 제품을 구매하게 되는 경우가 많으므로 이에 대한 고려가 필요하다. 제품의 로고나 디자인과 어울리는 컬러나 소품을 배치하는 것도 도움이 될 수 있으며, 응대 직원들의 유니폼 등을 통일하여 브랜드를 인식시키는 것도 좋은 방법이다. 백화점 명품관의 직원들이 자사 제품을 착용하거나 검은색 유니폼으로 통일하여 고급스러운 느낌을 주는 것 등이

쉬코노미가 온다

그 예이다. 매장 내에 시그니처 향기를 나게 하는 향기 마케팅도 가능하다. '향'은 과거 기억이나 추억을 떠올리게 하는 경우도 있어, 특별한 브랜드 경험을 선사할 수 있다.

다음으로, 자체 기획된 콘텐츠가 필요하다. 이때 제품의 속성이 포함되어 있으면서 재미, 의외성, 체험의 자유도가 높은 콘텐츠를 기획하는 것이 중요하다. 더불어, 가상현실·AI 등 다양한 IT 기술에 기반해, 새로운 형태의 체험 마케팅 실행한다면 보다 차별화되고 기억에 남는 경험을 남길 수 있다. 예를 들어 월마트가 인수한 여성 의류 사이트 모드클로스ModCloth는 고객들이 스마트폰으로 자신의 모습을 찍어 모드클로스 옷을 가상으로 입어보는 서비스를 제공할 예정이라고 한다. 해당 서비스를 통해 여성 쇼핑객들은 매장에 가는 일 없이 실제 옷을 착용하는 경험을 할 수 있을 것이다.

알고 나면 더 사고 싶다, 그녀를 위해 들려주는 이야기

기업들의 공급 역량이 크게 향상되면서 업체 간의 상품력이 비슷비슷해지고 있다. 이러한 현상을 '상품과 관련한 한계 민감도 감소 현상'이라고 설명할 수 있다. 이는 자극의 강도가 낮을 때는 자극의 변화에 민감하지만, 강도가 높아질수록 자극의 변화에 둔감해지는 현상을 의미한다. 이를 상품 소비 측면에 대입해보면, 낮은 품질의 제품만 사용하다가 고품질의 제품을 지속적으로 사용했을 때 더 우수한 제품이 나와도 그 차이를 인식하기가 쉽지 않다는 것이다.

이러한 소비의 '한계 민감도 감소 현상' 속에서 소비자들은 상품의 기능과 품질을 인지하기가 어려워지고 있으며, 그 제품이 가진 실제적 기능과 품질, 스펙보다는 그 제품이 주는 느낌, 감성과 콘셉트를 구매 최우선 요소로 여기게 된다. 세계적인 강연가이자 작가인 톰 어새커Tom Asacker 역시 이러한 트렌드를 읽고 "사실은 설득하지 못하며, 느낌이 할 수 있다. 느낌을 얻는 가장 좋은 방법은 스토리다"라고 언급한 바 있다.

결과보다는 이야기가 중요

제품의 감성과 콘셉트를 소비자에게 전달하기 위해서는 스토리텔링 마케팅만한 것이 없다. 스토리 마케팅은 제품의 기능이나 품질을 객관적으로 설명하는 것이 아닌, 소비자가 관심을 가지고 반응할 만한 이야깃거리로 풀어나가는 마케팅 커뮤니케이션 기법이라 할 수 있다. 또, 단순히 물건을 사는 것이 아닌 그 물건에 담겨 있는 이야기를 듣고 소비자에게 다양한 감정을 불러일으키는 감성 지향적 마케팅 활동이다.

여성의 뇌와 남성의 뇌를 비교해보면, 커뮤니케이션을 담당하는 부분과 정서적 기억을 담당하는 부분이 여성이 남성보다 상대적으로 더 크다고 한다. 여성이 다른 사람과의 관계와 커뮤니케이션을 중시하고, 정서적인 반응이 강하게 나타나며, 감성이 뛰어난 것은 이러한 뇌 구조 때문이다. 브랜드나 제품과의 커뮤니케이션, 감성 지향적 마케팅 활동인 스토리텔링 마케팅은, 언어 표현과 상품을 구매함에 있어 사실 전달 및 목적 지향적 성향이 강한 남성보다는 감수성이 예민한 여성에게 더 적합한 마케팅 기법이다.

따라서 기업들이 여성에게 감동적이고 흥미로운 스토리를 전달하고, 이를 통해 브랜드에 대한 관심도 및 친근감을 높이고자 하는 경우가 늘어나고 있다. 일례로, 프랜차이즈 사업을 전개하고 있는 디저트 카페 브랜드 '커피하루셋'은 아기자기한 브랜드 스토리로 여성 창업자에게 어필하고 있다. 커피하루셋은 사랑, 행복, 성공이라는 우리의 삶의 가장 소중한 가치를 브랜드에 담았으며, 이를 브랜드명과 BI에 담아냈다고 한다. 커피하루셋 백호근 대표는 "커피를 사랑하는 마음으로 고객에게 정성을 다하면, 고객은 행복해하고 점주는 성공할 수 있다는 가장 보편적인 가치를 브랜드에 담았습니다. 최근 커피하루셋에 대한 여성 창업자의 관심이 높아지는 것은 이러한 스토리텔링 마케팅의 힘입니다"라고 밝힌 바 있다.

▶ 디저트 카페 커피하루셋이 전하는 브랜드 탄생 스토리

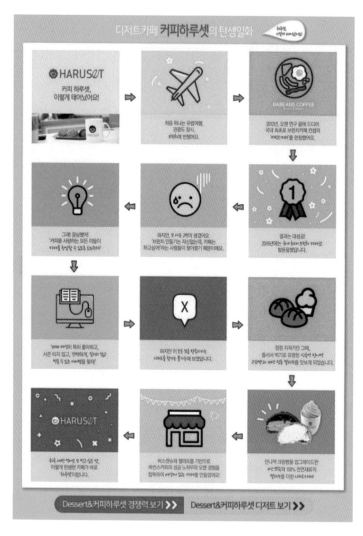

자료: 커피하루셋

쉬코노미가 온다

자료: 고디바

　여성들에게 높은 인기를 누리고 있는 고디바Godiva 초콜릿도 브랜드 탄생 스토리를 통해 프리미엄 이미지를 강화해왔다. 고디바는 뉴욕에 본사를 두고 있는 프리미엄 초콜릿 브랜드로, 초콜릿 한 알당 4,000~5,000원의 고가를 자랑한다. 고디바에는 이러한 높은 가격에 정당성을 부여해줄 이유가 필요했다. 그래서 고디바는 이 초콜릿 브랜드가 프리미엄이 된 사연을 '레이디 고디바Lady godiva'라는 한 여성 귀족의 스토리로 설명했다.

　고디바 부인은 고대 머시아 왕국의 백작부인이다. 전설에 의하면 영주의 무리한 세금 징수로 인해 백성들이 고통 받자, 그의 부인인 고디바는 세금을 감면해줄 것을 간청하였다. 이에 영주는 부인에게 "벗은 몸으로 마을을 한 바퀴 돌면 생각해보겠다"고 조롱하였다. 이에 고디바 부인은 부끄러움과 수치를 무릅쓰고 서민들을 위해 나체로 말을 타고 마을을 돌았다고 한다. 고디바는 자사 브랜드가 서민들을 사랑했던 레이디 고디바의 희생, 애민 정신을 담아 탄생한 브랜드임을 광고를 통해 보여준 것이다. 이 스토리와 고디바의 프리미엄 이미지가 잘 결합하면서, 고디바는 전 세계에서 프리미엄 초콜릿 브랜드로서의 입지를 다지게 된다.

국내에서 효모 화장품으로 확고한 입지를 구축한 SK-II는 자사 시그니처 상품인 피테라 에센스 스토리텔링이 소비자들에게 호응을 얻으면서 유명세를 얻게 되었다. SK-II에서 제품 탄생의 비화를 광고 영상으로 만든 내용을 살펴보면 대략 이러하다.

광고 영상 속 한 아이가 종이학을 따라 깊은 산속에 자리한 전설의 마을에 다다른다. 종이학을 따라가다가 머물게 된 양조장에서는 나이 든 주조사(술을 만드는 사람)들이 양조 작업을 하고 있다. 은은하게 익어가는 효모가 가득한 양조장에서는 한평생 술을 빚어온 주조사가 익숙한 손길로 효모를 만지고 있다. 나이 든 주조사들의 얼굴의 깊은 주름과는 반대로 부드럽고 매끄러운 손을 가진 것이 화면에 클로즈업된다. 30여 년 전, 일본의 한 양조장 주조사들의 손을 본 화장품 연구원이 '효모'를 연구하기 시작한 것이다. 이후 오랜 연구 끝에 천연 효모 발효 대사액 성분이 담긴 화장품을 탄생시킨 스토리를

▶ 하나투어의 스토리텔링 광고

자료: 하나투어

잘 풀어낸 광고라 볼 수 있다.

광고에 제품과 관련된 감성 스토리를 잘 담아낸 또 다른 예시로
는 하나투어를 들 수 있다. 하나투어는 2017~2018년 시즌, 모녀 여
행을 소재로 한 브랜드 캠페인 '엄마애愛 발견'을 론칭한 바 있다. 당
시 하나투어가 공개한 광고 영상은 실제 모녀들의 여행 스토리를 잔
잔하게 풀어낸 내용을 담았다. 친구 같은 모녀가 낯선 곳을 여행하고
또 여행 중 둘이 함께할 수 있는 여러 활동들을 즐기면서, 그간 몰랐
던 서로의 모습을 발견해간다는 내용이다. 2035 여성들이 5060 엄
마 세대와 함께 여행을 가는 비중이 크게 증가하면서, 여행을 통해
가족 간의 따뜻한 정을 확인할 수 있다는 스토리를 소비자에게 잘
전달한 사례라 할 수 있다.

▶ 방탄소년단의 '화양연화' 스토리텔링

자료: 빅히트엔터테인먼트

　이러한 스토리텔링 마케팅을 가장 잘 활용한 또 하나의 사례가 바로 방탄소년단이다. 전 세계 여성 팬들에게 엄청난 인기를 얻고 있는 아이돌 방탄소년단의 인기 요인에는 다양한 것들이 있지만, 그들의 세계관이 큰 역할을 한 것으로 분석된다.

　방탄소년단의 세계관은 '화양연화(인생에서 가장 아름답고 행복한 순간)'로, 멤버 각자가 스토리를 가지고 있으며, 고통을 겪고 성장하는 소년들의 모습을 이야기하고 있다. 이들의 세계관 주제가 '청춘'과 '성장'인 만큼 이를 미장센으로 하여 음악, 뮤직비디오 영상, 콘서트 영상 등에 담아냈다. 이뿐만 아니라 이들의 스토리는 공연으로도 나타난다. '화양연화'의 키워드를 콘서트의 주제로 잡고, 공연 내에서 다양한 장치를 활용해 스토리텔링을 하는 것이다. 전 세계 팬들은 방탄소년단의 다양한 콘텐츠 속에 담긴 화양연화 스토리에 매료되며, 크고 단단한 팬덤을 구축하고 있는 것이다.

여성에게 어필할 수 있는 스토리텔링 콘텐츠로는 우선 여성 소비자들의 꿈, 열정과 관련된 내용을 차용하는 것이 도움된다. 또한, 사실에 근거하고 소비자가 따라 할 수 있는 스토리는 더 큰 공감을 자아내면서 보다 더 설득적으로 다가올 수 있다. 특히 인생을 통틀어 여러 역경을 딛고 열정을 다 바쳐 브랜드, 제품을 탄생시킨 여성 창업주의 스토리를 전설화해서 들려주는 경우, 그 효과는 배가 될 수 있다.

명품 브랜드 샤넬이 그러한 경우다. 수녀원에서 지낸 샤넬이 어린 시절 재봉사로 일하고 수녀원의 금욕주의를 블랙 앤 화이트룩으로 해석한 스토리, 수녀원의 스테인드글라스 무늬로 로고를 만든 스토리는 많은 여성들에게 감명을 주며 샤넬의 아이덴티티를 더욱 공고히 하고 있다. 사실에 근거한 공감의 요소가 스토리에 존재한다면, 여성 소비자들은 반응하고 스스로 입소문을 내게 될 것이다.

찍혀야 산다,
인스타그래머블한 세상

국내 예능 프로그램 〈나 혼자 산다〉에서 개그우먼 박나래의 집이 화제가 된 적이 있다. 박나래가 홍콩 어느 뒷골목의 멋진 술집과 같은 세련된 인테리어로 꾸민 자신의 집 안에서 지인과 파티를 하는 내용이 방송된 것이다. '내 집 안의 작은 술집' 콘셉트의 '나래바'가 대중들로부터 높은 호응을 얻었고, 이후 큰 인기에 힘입어 박나래는 그해 '연예대상' 후보로도 올랐다.

'나래바'는 소위 '인증샷'에 열광하는 소비 트렌드를 대변한다. 소비자들은 색다른 콘셉트, 사진 찍기 좋은 비주얼의 상품이나 장소에 점점 더 열광하고 있다. 이러한 트렌드를 최신 용어로 '인스타그래머블Instagramable하다'라고 표현한다. 인스타그래머블이란 '인스타그램Instagram'과 '할 수 있는Able'의 합성어로, 최근 외식 업계 등의 마케팅에서 중요한 요소로 떠오르고 있는 키워드다. 업계 관계자들도, "인스타그램에 인증샷 등이 올라가면 자연스러운 바이럴 마케팅의 효과로 인해 고객들을 매장으로 불러올 수 있다"며 "인스타에 올리기에 적합한 콘셉트의 매장 및 메뉴들을 만들기 위해 노력하고 있다"고 입을 모은다.

예쁜 사진을 위해 소비한다

인스타그래머블 마케팅의 주요 타깃층이자, 바이럴 마케팅의 주체는 여성 소비자이다. 인스타그램은 페이스북과 달리 텍스트보다는 사진을 중심으로 커뮤니케이션이 이뤄지고 있는데, 이런 시스템이 여성들에게 진입장벽을 낮춰주는 효과를 내는 것으로 분석된다. 즉, 여성들은 글을 쓰는 것보다 사진을 공유하는 것을 더 선호한다는 것이다.

또한 인스타그램에서 활발하게 공유되는 콘텐츠도 여성들이 좋아할 만한 내용들이 주류를 이루고 있다. 예쁜 플레이팅의 레스토랑, 감각적인 인테리어 카페, '인생샷'을 찍을 수 있는 비주얼 전시회 등 이들 인스타그래머블 장소들이 주로 '예쁜 콘셉트'를 위주로 하기 때문에, 남성의 취향보다는 여성의 취향을 저격하는 경우가 많다. 여성들끼리 예쁘고 고급스럽고 멋진 사진 콘텐츠를 만들고 이를 공유하며, 서로 경쟁하는 심리가 발동하기도 한다.

'인스타그래머블'을 위해 고려해야 할 사항은 '자기 연출'의 가장 핵심적인 도구가 되어야 된다는 것이다. 독특한 배경, 분위기는 필수적이라 할 수 있다. 관람객이 소위 '인생샷'을 찍을 수 있도록 공간 전체를 포토존으로 꾸민 전시회가 소비자의 눈길을 끄는 것도 그 예이다. 거울 설치미술 작품을 배치한 '거울정원', 아이스크림 조형물을

▶ 카페 '잔'과 '대구 근대골목 단팥빵' 매장 전경

자료: 카페 잔(좌), 대구 근대골목 단팥빵(우)

설치한 '하이, 아이스크전展' 등은 인스타그램 성지로 불리며 많은 사랑을 받았다. 이들 전시회들 때문에, '전시회=인생샷'이라는 공식이 만들어지기도 했다.

최근에는 뉴트로Neutro 콘셉트가 30~40대 소비자들에게는 향수를, 10~20대 소비자들에게는 참신함을 불러일으키며 인스타그래머블의 주요 소재로 자리잡고 있다. 서울 을지로 인쇄소 골목의 다양한 카페와 식당들이 그 예시다. 을지로 골목에 위치한 카페 '잔'에 들어가보면, 옛 건축의 인테리어가 거의 그대로 보존된 곳에서 카페 영업이 이루어지고 있다. 이곳을 찾은 고객의 인터뷰에 따르면, "낡고 허름한 을지로에서 보물찾기하듯 멋진 공간을 찾아다닌다"며 "개인의

▶ 레스토랑 '살라댕방콕'과 시그니처 메뉴 '살라댕 스페셜 삼단 트레이'

자료: 살라댕방콕

취향과 독특한 감각을 볼 수 있어서 매력적이다"라고 얘기한다.

뉴트로 콘셉트의 빵집도 있다. 서울 용산역에 자리잡고 있는 '대구 근대골목 단팥빵'은 복고 감성의 매장 분위기로 시선을 사로잡고 있다. 옛날 단팥빵의 맛과 분위기를 느낄 수 있는 대구 근대골목 단팥빵 매장은 1930년대 경성 도심의 살롱에 온 듯한 고풍스러운 인테리어와 빈티지 소품 등으로 치장한 것이 특징이다. 별도의 포토존도 마련되어 있어 소비자들에게 색다른 경험을 선사하고 있다.

외식업계에서는 '뉴트로' 콘셉트 외에도 '플레이팅(음식이 담긴 모양)'과 시각 효과를 극대화한 다양한 인스타그래머블 콘셉트 개발이 한창이다. 인스타그램으로 예약을 받는 익선동 레스토랑 '살라댕방콕'도 인스타그래머블 장소로 인기 있는 곳 중 하나다. 이곳은 전통적

▶ **SNS상에서 인증샷 명소로 떠오른 레스케이프 호텔**

자료: 레스케이프 호텔

인 태국 음식을 재해석한 퓨전 요리를 선보이는 태국 레스토랑으로, 방콕 리조트를 방문한 듯한 느낌을 전달하는 인테리어와 풀pool이 특징이다. 인스타그램에 올리기 좋은 유려한 플레이팅의 요리도 선보이는데, 특히 태국식 샌드위치와 열대 과일 등으로 구성된 '살라댕 스페셜 삼단 트레이'가 시그니처 메뉴라고 한다.

인스타그래머블 장소는 식음료 매장에만 국한되지 않는다. 호텔 업계에서도 특화된 포토존을 앞세워 호텔에서 휴가를 보내고자 하는 소비자들의 눈길을 사로잡고 있다.

서울 중구에 위치한 레스케이프 호텔은 국내에서 보기 드문 프랑스 감성 부티크 호텔이다. 부티크 호텔 인테리어의 대가인 자크 가르시아Jacques Garcia가 설계했고, 19세기 귀족 사회의 영감을 받은 감각적인 내부 인테리어가 특징이다. 한편, 영국 출신 토니 마크류 플로리

쉬코노미가 온다

▶ 메가텐의 스와로브스키 전동칫솔

자료: 메가텐

스트와 협업해 크리스마스 시즌에 특별한 공간을 선보이기도 했다. 꽃과 나뭇잎으로 장식된 케이지 안에 마련된 화려한 그네가 SNS 인증샷 명소로 화제가 되어 여성 고객들에게 많은 사랑을 받았다.

상품도 '인스타그래머블'

일반 생활용품 디자인을 업그레이드하여 여성들의 취향을 저격한 인스타그래머블 상품도 있다. 전동칫솔 브랜드 메가텐은 스와로브스키 스톤을 모티브로 한 신제품 '도로시'를 출시한 바 있다. 해당 칫솔은 감각적인 디자인에 브러시의 기술력을 결합한 프리미엄 전동칫솔로, 버튼에 스와로브스키 스톤을 장식해 시각적 요소를 극대화한 것이 특징이다. 또 색상도 파스텔 계열의 '핑크 블로썸', '라벤더 허브', '울트라 바이올렛' 등 총 10종으로 구성해 취향에 따라 선택할 수 있다. 한편, 스와로브스키 칫솔 외에 귀여운 동물 캐릭터 모양의 '키즈소닉' 전동 칫솔도 출시했는데, 최근 이를 사용하는 아이들의 사진이 인스타그램에서 다수 업로드되며, '육아맘'들 사이에서 높은 인기를 누리고 있다.

조금 예쁘게만 꾸민다고 인스타그래머블 해지는 것은 아니다. 예쁜 것에 더해, 지금까지 본 적 없는 독특한 콘셉트와 감성을 전달하는 것이 핵심이다. 그러나 본질을 잃어버린 채 비주얼만 강조한다면 장기적인 관점에서는 고객을 잃을 가능성도 있다. 초반에는 예쁜 콘셉트와 바이럴 마케팅으로 반짝 인기를 얻을 수 있더라도, 맛과 기능, 서비스와 품질을 소홀히 한다면 자주 발걸음을 해줄 충성 고객은 만들 수 없기 때문이다.

02
가치를 위해 쓴다, 아낌없이

나를 위한 개인 비서, 그녀들을 위한 맞춤형 서비스

여기에 우스갯소리로 구전되는 유명한 질문이 있다. "코끼리를 냉장고에 집어 넣을 때 어떻게 넣겠는가"이다. 이 우스갯소리를 아는 사람이라면 대부분 이렇게 답할 것이다. "냉장고 문을 연다. 코끼리를 넣는다. 냉장고 문을 닫는다"라고. 그러나 컨시어지Concierge 마케팅을 접해본 사람이라면, 아마 "나는 컨시어지에게 부탁한다"라고 말할지도 모른다.

컨시어지는 좁은 의미로는 호텔에서 고객이 필요로 하는 각종 서비스를 대신해주는 담당자를 말한다. 더 나아가 고객이 원하는 바를 집사 또는 개인비서처럼 챙겨주는 이 서비스가 일반 기업의 마케팅에 접목된 것을 컨시어지 마케팅이라고 한다.

컨시어지는 원래 과거 중세시대에는 '촛불을 지키는 사람'이라는 의미를 가지고 있었다고 한다. 또 귀족들의 파티를 담당하는 사람이나, 성에서 열쇠를 지키는 사람을 컨시어지라고 불렀다고 한다. 이것이 현대에 와서는 호텔에서 고객의 개인적인 요청에 적극적으로 응대하는 집사 서비스를 의미하는 말로 사용되기 시작했다.

컨시어지 마케팅이라는 용어는 세계고객전략 연구소의 CEO 엘리엇 에텐버그Elliott Ettenberg가 2003년 저서 《넥스트 이코노미Next Economy》에서 처음 사용한 용어로 알려져 있다. 신뢰할 수 있는 정보를 가려내기가 어려워지는 상황 속에서 가치 있고 중요한 일에 열중하기 위해, 중요도가 낮은 업무는 신뢰를 가질 수 있는 타인에게 맡기고 싶어 하는 경향이 높아졌다는 것이다. 이로 인해 호텔 컨시어지의 개념이 기업의 마케팅으로 확대되었으며, '비서처럼 사용자 개개인에게 맞춤형 정보 및 편의를 제공하는 서비스'로 그 의미가 확장되었다.

컨시어지 마케팅은 다방면에 걸쳐 있다. 백화점에서 개인의 쇼핑을 대신해주는 퍼스널 쇼퍼, 필요한 제품이나 서비스를 미리 파악해 직접 찾아가 제공하는 방문판매 사원, 개인 재무설계사, 의료관광 컨시어지 등이 대표적인 컨시어지 마케팅 사례라고 할 수 있다. 최근에는 컨시어지 서비스와 관련한 비즈니스도 확산되는 추세이다. 대표적인 곳이 미국 아마존이다. 아마존은 2015년부터 가정 내에 청소, 수리, 가구 조립, 가전 설치 등 다양한 서비스를 전문가들을 배치해 소비자들이 원하는 시간, 비용 등으로 컨시어지 서비스를 '구매'하도록 하고 있다. 향후, 컨시어지 서비스가 갖추어진 거주 공간들은 1인 가구 증가와 함께 더욱 늘어날 전망이다.

최고의 대접을 받고 싶은 욕구

앞서 여성 소비자들이 최근 나를 위한 소비를 지향한다고 언급한 바 있다. 이러한 소비의 연장선으로 나를 위해 '셀프 선물'하는 것에도 과감히 지갑을 연다. 즉, 만족스러운 경험과 대접을 받고 싶어 하는 욕구가 강한 편이다. '대접받고 싶은 욕구'에 대응하는 마케팅으로는 개인비서가 돌봐주는 듯한 '세밀함'과 '특별함'이 부여되는 '컨시어지 마케팅'이 적격이다.

유통 업계에서는 여성 소비자들을 사로잡기 위해 다양하고 세심한 컨시어지 마케팅을 펼치는 경우가 많다. 여성 소비자를 주요 타깃층으로 하는 명품 구매와 식품 전문점이 그 예이다. CJ홈쇼핑은 고가 보석과 패션의류 등 소위 명품을 구매하는 고객에게 차별된 '명

▶ **CJ홈쇼핑의 명품 배송 서비스와 갤러리아백화점의 고메이494**

자료: CJ홈쇼핑(좌), 갤러리아백화점(우)

품 배송 서비스'를 시행했다. 100만 원 이상 보석류를 구입하거나 인터넷 쇼핑몰인 CJ몰에서 80만 원 이상 명품 잡화를 구입하면 CJ GLS 택배 영업소장이 정장을 갖춰 입고 흰 장갑을 낀 채 직접 배송하는 서비스를 시행하고, 반품을 원할 때는 현장에서 즉시 접수도 할 수 있도록 했다.

갤러리아백화점은 국내 최초로 그로서리(식재료)와 레스토랑이 유기적으로 결합된 그로서란트Grocerant 콘셉트의 식음료 전문매장 고메이494를 운영하고 있다. 이 고메이494에서는 '컨시어지 데스크'가 운영되고 있는데, 이곳에서는 고객이 원하는 대로 맞춤형 포장 서비스를 제공한다고 한다. 이곳만의 독특한 컨시어지 서비스 중 하나로는 스마트 파인더Smart Finder 서비스를 들 수 있다. 스마트 파인더 서비스는 고객이 푸드코트에서 주문한 음식을 서빙해주는 위치 추

쉬코노미가 온다

적 서빙 서비스이다. 해당 서비스를 받으면, 고객은 음식을 받기 위해 조리대 쪽으로 발걸음을 할 필요 없이 함께 쇼핑 온 가족, 연인, 친구와 즐거운 대화를 하며 앉은 자리에서 서빙을 받을 수 있다.

컨시어지 마케팅이 가장 보편으로 적용되는 분야가 바로 백화점이다. 백화점이나 패션 부티크에서는 퍼스널 쇼퍼를 고용해 VIP 등을 대상으로 패션을 비롯한 각종 쇼핑에 대해 조언하고 제안하도록 하고 있다. 이들 퍼스널 쇼퍼들은 고객의 직업, 취미, 스타일, 구매 패턴, 선호 브랜드 등을 종합적으로 분석하여 고객 맞춤형 상품을 추천하고 구매까지 유도하는 역할을 수행한다. 보통 쇼핑은 1회당 2~3시간 걸리는 편이며, 개인 고용 퍼스널 쇼퍼의 경우, 한 채널에 국한되지 않고 백화점, 아웃렛, 편집숍(셀렉트 숍), 스파 브랜드 등을 돌아다니며 구매하는 경우가 많다.

백화점이나 부티크에 소속되던 퍼스널 쇼퍼의 개념을 기업 서비스로 이끌어낸 사례도 존재한다. 국내 최초 패션&스타일 컨설팅 서비스 컴퍼니, '리한나 이미지'이다. 리한나 이미지의 오한나 대표에 따르면, 자사 서비스의 고객 성비는 여성 고객이 약 65%, 남성 고객이 약 35% 수준으로, 남녀에 따른 서비스 요구 경향도 다른 편이라고 한다. 남성 고객들을 보면 특정 연예인처럼 만들어달라거나, 이성에게 인기를 끌 수 있게 스타일 변신을 원하는 의뢰가 대다수라고 한다. 그에 반해 여성 고객들은 의상을 바꿔 자신감을 찾고 싶어 하는 사람이 많으며, '이성에게 잘 보일 수 있게 꾸며주세요'라고 의뢰하는 경우는 거의 없다는 점이 흥미로운 부분이다.

신세계백화점 강남점은 '출산 컨시어지'를 업계 처음으로 도입해 '강남 엄마'들의 취향을 저격하기도 했다. 10층 아동 전문관 '리틀 신세계'에 출산 컨시어지 데스크를 두고 있는데, 이곳에서는 유아 교육 전문가가 출산부터 육아, 교육까지 자녀와 관련된 궁금한 내용을 상담해주는 역할을 수행하고 있다. 부모와 아이 관계 형성의 모든 단계를 위한 서비스와 쇼핑을 즐길 수 있는 토털 케어 솔루션을 제공한다는 점에서 타 백화점들과 차별화를 보이고 있다.

해외에서는 가사도우미나 잔심부름을 대신해주는 컨시어지 서비스도 빠르게 확산되는 추세다. 여행 가방을 목적지로 갖다 주는 '제트블루Jet blue', 다양한 심부름을 대행해주는 '태스크래빗Task rabbit' 서비스 등이 여성들을 중심으로 높은 인기를 누리고 있다.

'나'니까 특별히 누리고 싶은 특권

컨시어지 마케팅이 여성의 '대접받고 싶은 욕구'를 겨냥하는 마케팅이라는 점을 놓고 봤을 때, 프레스티지Prestige 마케팅과도 상응하는 면이 있다. 프레스티지 마케팅은 어느 정도 이상의 지위를 가진 사람과 어느 정도 이상의 부를 가진 사람만이 제한적으로 소비할 수 있는 상품을 소비함으로써 나도 그들과 같은 정도의 사회적 인정을 받을 수 있다고 느끼게 하는 마케팅 기법이다. 컨시어지 서비스 역시 예전에는 주로 부유층이나 금전적으로 여유가 있는 사람들이 누릴 수 있는 서비스였다는 맥락에서 생각해봤을 때, 프레스티지 마케팅과 일맥 상통한다.

컨시어지 마케팅이 성공하려면, 당신만을 위한 특화된 서비스를 최고급 수준으로 해주겠다는 프레스티지 전략을 취할 필요가 있다. 즉, '편안함', '세심함', '맞춤형' 등의 감정을 느낄 수 있는 다양한 부대 서비스 및 상품, 시설을 제공하여 여성에게 '여왕'이 된 것과 같은 특별한 경험을 부여하는 것이 중요하다. 예를 들어, 친절 교육을 철저히 받은 안내요원을 매장 곳곳에 배치하거나, 쉴 수 있는 공간을 마련하고 다과 등을 대접하는 서비스를 제공할 수 있다. 대형 명품 매장이나 백화점 VIP룸에서는 이러한 부대 서비스들이 VIP들을 대상으로 활발히 이루어지고 있다. 한편, 희소성 높은 상품 등을 제공하는 것도 고객의 대접받고 싶은 욕구를 충족시키며 브랜드 충성도를 높이는 데 도움이 될 수 있다.

더불어, 챗봇, 스마트 스피커, 빅데이터 맞춤형 정보 서비스를 통해, 확산된 형태의 컨시어지 서비스 제공이 가능해지고 있다. 이렇게

IT 기술을 이용한 형태의 컨시어지 서비스들은 별도로 '스마트 컨시어지'로 명명되고 있다. 일례로, KT에스테이트는 노보텔 앰배서더 동대문 호텔에 KT의 기술을 접목한 서비스를 선보이기도 했다. 각 객실에 KT 기가지니GiGA Genie가 설치돼 음성 명령을 통해 조명을 조절하고 음악을 듣거나 TV를 컨트롤할 수 있는 것이다. 이외에 호텔용품도 같은 방법으로 주문 가능하다. 스마트 컨시어지 서비스도 기본 개념은 같다. 고객에게 세심한 맞춤 서비스를 경험하고 대접받는다는 기분이 들게 하는 것이다. 컨시어지 마케팅 서비스는 소비자가 말한마디만 하면 될 정도로 진화하고 있다.

지갑을 열게 만드는 '이유'와 '명분'을 제공하다

1983년 어느 날 미국 신용카드 업체 아메리칸 익스프레스(이하 '아멕스')의 마케팅 관계자 제리 웰시Jerry Welch는 맨해튼 사무실에서 무심코 창 밖을 보고 있었다. 그때 문득 리버티 섬에 우뚝 선 자유의 여신상이 눈에 들어왔다. 웰시는 만들어진 지 100년에 달하는 자유의 여신상의 보수 공사를 마케팅에 활용하면 어떨까 하는 생각을 갖게 되었다. 기존 소비자들이 아멕스 카드를 사용할 때마다 1센트씩, 신규 고객은 1달러씩 캠페인에 기부해 자유의 여신상 보수 공사에 필요한 비용을 마련한다는 계획이었다.

얼마 후 이 아이디어는 '내셔널 아트 마케팅 프로젝트National Arts Marketing Project'라는 이름으로 세상에 나오게 된다. 프로젝트가 발표되자 많은 사람들이 이 자유의 여신상 캠페인에 큰 호응을 보였다. 미국의 상징이라 할 수 있는 자유의 여신상을 복구하는 데 동참하려는 소비자들이 대거 나타난 것이다. 큰 매출 성과도 얻었다. 캠페인 기간 동안 아멕스 카드의 사용액이 27%나 증가했고 170만 달러의 기금도 모아졌다. 이 마케팅이 소비자들에게 통했던 이유는, 소비자들의 내면에 존재하는 대의명분에 의한 구매 욕구를 자극했기 때문이다.

이렇게 소비자들의 관심을 고취하기 위해 기업이 매출 일부분을 공익을 위해 사용한다든지, 사회적 문제를 해결하면서 이를 기업의 이윤추구에 활용하는 전략을 '코즈 마케팅Cause Marketing'이라고 부른다. 코즈 마케팅의 'Cause'는 대의명분을 뜻하는 말로 '소비자에게 소비에 대한 명분을 부여한다'는 뜻이다. 기부와 사회공헌을 추구하는 이 코즈 마케팅 전략은, 판매자 혹은 기업에게 좋은 이미지를 심어줌과 동시에 소비자들의 높은 관심을 불러올 수 있다. 또한 소비자는 대의명분을 갖춘 소비를 통하여 자신이 원하는 제품을 구매하면서 사회적 문제를 해결한다는 의미도 더해지기 때문에, 모두가 원

원하는 마케팅이라고 할 수 있다.

'일본 제품 불매-국산 애용'과 같은 애국심 마케팅도 코즈 마케팅의 일환이다. 국산 제품 구입을 통해 국내 기업을 도울 수 있고, 더 나아가 일본산 제품을 불매함으로써 일본 정부의 역사 인식 및 정책 변경을 촉구할 수 있다는 대의명분을 소비자에게 부여하는 것이다.

명분을 위한 소비

코즈 마케팅은 남성보다 여성에게 더 높은 효과를 보이는 것으로 분석된다. 2011년 임팩트스퀘어IMPACT SQUARE 연구팀과 서울대학교 경영대학원 및 사회복지학과 석사 과정 학생들이 소비자 300여 명을 대상으로 공동으로 실험을 진행했다. 해당 실험은 '기업의 사회공헌 활동 같은 선한 가치가 소비자 지불 의사가격 상승과 상관관계가 있는가'에 대한 실험이었다. 해당 연구에서 임팩트스퀘어는 남녀 소비자들에게 기업의 사회공헌 활동 여부에 대한 민감도와 프리미엄 가격을 지불하려는 의사가 있는지에 관한 설문조사를 진행했다. 연구 결과, 기본적으로 여성은 남성보다 사회공헌 활동에 훨씬 민감도가 높은 것으로 나타났다. 사회공헌 여부에 민감도가 높은 여성 쪽은 사회공헌 기업에 대해 평균 지불 의사 가격이 남성보다 약 40% 높은 것으로 나타났다. 기업과 사회공헌 활동 간의 적합성이 높을 경

▶ 마리몬드의 '꽃할머니 프로젝트'와 인권 캠페인 제품들

자료: 마리몬드

우, 여성의 지불의사 가격이 더욱 높아지는 것으로 나타났다.

이러한 마케팅을 통해, 여성 소비자들로부터 호응을 얻고 있는 사례들은 다수 존재한다. 위안부 할머니들의 문제를 디자인으로 승화해 사회적 인식을 변화시킨 국내 잡화 브랜드 '마리몬드MARYMOND'를 예로 들 수 있다. 마리몬드는 디자인과 역사적 테마를 접목해 휴대폰 케이스, 팔찌, 티셔츠, 에코백 등 의미 있는 패션 소품을 제작해왔다. 감각적인 디자인과 친근한 스토리텔링을 통해 역사 문제에 쉽게 다가갈 수 있도록 재조명한 것이다. 마리몬드의 제품들은 유명인들이 사용하면서 대중에게 널리 알려지기도 했다.

2016년에 마리몬드는 전국 대학생 프로젝트 동아리 '평화나비 네트워크'와 손잡고 펀딩 프로젝트를 진행했다. 2015년 12월 일본

자료: 비커넥트

정부가 진정성 없는 사과와 10억 엔의 지원금으로 위안부 문제를 해결하고자 했던 일이 계기가 되었다. 위안부 문제를 후대에 올바르게 교육하고, 재발을 방지하기 위해 누군가 나서야 한다는 생각에서 시작되었으며, 1,000만 원의 후원금을 목표로 시작했던 이 프로젝트는 결과적으로 576%의 목표를 달성했다. 후원금은 평화의 소녀상 설립과 위안부 문제 홍보에 쓰였다.

사회소외 계층과 관련한 코즈 마케팅을 펼치는 기업들도 있다. 사회적 기업 비커넥트는 '아이들에게 밝은 세상을 만들어주자'를 기업 모토로 하고 있으며, 기부 팔찌, 의류, 라이프스타일 아이템 등의 판

▶ **올리브영의 유네스코 소녀 교육 기부금 지원 및 다이어리 나눔 행사**

자료: 올리브영

매를 통해 국내 및 해외 결식아동과 다문화가정 아동, 해외 빈곤 아동, 여성들의 자립을 돕는 데 수익금의 일부(10~20%)를 사용하고 있다. 기부 아이템 구매는 사회소외 계층에게 장기적이고 지속적으로 도움을 줄 수 있다는 점에서 의미가 있다.

여성 친화 기업들도 코즈 마케팅에 적극 나서고 있다. 드럭스토어 브랜드 올리브영은 2017년 '세계 여성의 날'을 맞이해, CJ One 포인트와 PB 브랜드 수익, 유네스코 소녀 교육 캠페인으로 조성된 기부금을 개발도상국 여성 청소년에게 기부했다. 또한 연말에는 N서울타워 광장에 샤이닝 트리를 설치하고 방문객들이 트리 앞 키오스크를 터치할 때마다 기금을 적립하고, 기부 다이어리 '샤인 브라이트 다이어리'를 나눠주는 행사 등을 진행한 바 있다. 올리브영 관계자는

▶ 아모레퍼시픽의 핑크런, 핑크투어 캠페인

자료: 아모레퍼시픽

"건강한 아름다움을 지향하는 업의 특성상 '나를 아름답게 가꿀수록 누군가의 미래도 아름다워질 수 있다'는 신념으로 소녀 교육 캠페인을 진행하고 있다"며 "올리브영만의 특화된 나눔 활동이 여성들에게 큰 호응을 얻는 것 같아 향후에도 계속 진행해나갈 예정"이라고 말했다.

국내 최대 화장품 기업 아모레퍼시픽은 여성, 자연 생태, 문화 3대 이니셔티브를 중심으로 다양한 사회공헌 프로그램을 운영하고 있다. 이 중 '핑크리본 캠페인'은 대중적으로 널리 알려진 아모레퍼시픽의 코즈 마케팅이다. 대표적인 활동으로는 유방암 조기 발견의 중요성을 알리는 러닝 페스티벌 '핑크런Pink Run'과 유방암 자가 검진 교육 프로그램인 '핑크투어Pink Tour'가 있다. 대중의 참여로 함께 만들어가는 러닝 페스티벌은 일상 속에서 여성 건강에 대한 관심과 유방, 자궁암 관련 검진을 독려하며 조기 발견의 중요성을 알리는 프로그램이다. 대회 참가비 전액은 한국유방건강재단에 기부되어 유방암 환자 지원에 사용되고 있다. 유방 건강 강좌 '핑크투어'는 유방암을 조기 발견을 실천할 수 있도록 자가 검진 방법을 알려주는 찾아가는 유방 건강 교육 프로그램이다. 2001년부터 2018년까지 전국에서 1,319여 회에 걸쳐 33만 707명의 일반인이 유방암 자가 검진 및 생활 속 유방 건강 강좌를 수강하며 대표적인 유방 건강 교육 프로그램으로 자리매김하고 있다.

또 다른 뷰티 브랜드 랑콤LANCOME은 세계 여성의 날을 기념해 국내 경력 단절 여성들의 재취업을 응원하는 '환한 얼굴, 밝은 마음, 아름다운 미래' 캠페인을 진행한 바 있다. 당시 론칭 15주년을 맞는 랑콤의 화이트닝 에센스 '블랑 엑스퍼트 멜라노라이저'를 캠페인 후원 제품으로 선정하고, 판매 수익금 일부를 후원금으로 사용하였다. 랑콤 관계자는 캠페인을 진행하며 "오랜 기간 가정과 육아에만 전념하느라, 스스로를 돌보지 못했을 여성들을 위해 자신감을 불어넣고, 궁극적으로는 성공적인 면접을 위해 환한 얼굴 필요하다고 판단해 화이트닝 에센스를 캠페인 후원 제품으로 선정했다"고 전했다. 화이트닝 제품의 사용 취지와 코즈 마케팅 내용의 적합성이 잘 맞아 떨

▶ 랑콤의 세계 여성의 날 캠페인

자료: 랑콤

어지는 좋은 사례다.

성공적인 코즈 마케팅을 위해서는 다음과 같은 사항들을 고려할 필요가 있다. 우선, 실시하고자 하는 코즈 마케팅이 브랜드의 가치와 잘 어울리는지에 대한 고민이 필요하다. 이는 기존에 언급한, 기업의

쉬코노미가 온다

본 사업과 사회공헌 활동의 적합성이 높아야 한다는 내용과도 부합한다.

새로운 여성상을 제시하다

2019년 6월경, 온라인상에서 한 사진이 화제가 된 적이 있다. 스포츠 브랜드 나이키가 최근 여자축구 국가대표 선수 지소연을 모델로 "네가 원하는 것을 바꾸지 마, 세상을 바꿔버려"라는 카피의 대형 광고판을 강남 한복판 건물 외벽에 내걸었는데, 이 광고와 더불어 "예쁘면 다야"라는 카피의 모 성형외과 광고가 동시에 찍힌 것이다. 이 사진이 SNS를 통해 공유되자 네티즌들은 나이키의 마케팅을 칭찬하고 '예쁘면 다야'를 광고 문구로 내세운 성형외과 광고에 대해서는 아쉬움을 드러냈다. 광고에서 소비되는 여성의 이미지에 대해 최근 젊은 소비자들이 어떤 시선을 가지고 있는지 알 수 있는 대목이다.

주체적인 여성상의 중요성

과거 '여심'을 공략하는 마케팅 속 여성의 이미지는 외모적으로 아름답다든지, 남성에게 예쁨 받거나, 가족을 위해 헌신하거나, 사랑을 위해 무언가를 포기하는 모습이었다. 하지만 지금 광고 속 여성은 주체적으로 삶을 이끌고 세상을 변화시키는 여성의 모습을 강조하

자료: 다음 카페 '여성시대'

는 경우가 많아지고 있다.

여성들이 사회의 주역이 되고 소비의 강력한 주체로 떠오르면서, 여성을 독립적이고 주체적 이미지로 그린 광고들이 다수 쏟아지기 시작했다. 사회 트렌드에 예민한 광고 업계가 페미니즘에 눈을 돌리기 시작한 것이다. 페미니즘을 표방하는 광고들을 일컬어, 페미니즘Feminism과 광고Advertising의 합성어인 '펨버타이징Femvertising'이라는 용어도 생겨났다. 최근 '펨버타이징' 마케팅은 자신의 소비로 페미니즘을 실현할 수 있다고 생각하는 여성을 겨냥해 활발히 활용되고 있다.

"넌 어떤 사람이 될래? 하나만 정답이라고? 둘 다 하면 안 돼? 과거가 너의 미래를 만든다고? 성적이 네 목표를 이루게 해준다고? 보여지는 게 중요하다고? 남들이 정해준 대로 할 거야? 네 뜻대로 할 수는 없는 거야? 너 스스로를 믿을 때 네가 어디까지 갈지는 아무도 상상할 수 없거든. 넌 너만이 만들 수 있는 최고의 작품이야."
 — 나이키, '2019 Women's Just Do IT' 캠페인 中

이 내레이션은 나이키가 '2019 Women's Just Do IT' 캠페인 중 하나로 공개한 '너라는 위대함을 믿어' 광고 속에 등장한 내레이션이다. 나이키는 2019년 1월 전진하는 여성을 지지하고 주체적인 삶을 선택할 수 있도록 용기를 주겠다는 취지의 광고를 유튜브 등에 공개했다. 이 광고에는 방송인 박나래, 가수 엠버와 청하, 축구선수 지소

자료: 나이키

연 등이 출연했다. 광고는 분홍색 한복을 입고 돌상에 앉은 여자아이가 돌잡이로 축구공을 선택하는 내용을 담고 있다. 특히 네티즌들에게 화제를 모은 장면은 여성 권투 선수가 등장하는 장면이었다. 주방에서 요리하는 것처럼 보이는 여성이 실은 태권도용 마우스피스를 소독 중이었다는 반전 스토리가 그것이다. 과거 나이키가 마이클 조던 등 세계적인 남성 스포츠 스타를 앞세웠던 것과 비교하면 분명한 차별화가 느껴지는 대목이다.

한편, 나이키는 페미니즘 현상 중 하나인 '탈코르셋'에 동참하는 캠페인도 펼친 바 있다. 2019년 9월 나이키우먼은 'Big mood'라는 광고 문구와 화보 캠페인을 공개했다. 나이키가 공개한 화보에는 모델로 나선 나이지리아계 미국인 가수 아나스타샤 에누케Annahstasia

▶ 나이키의 탈코르셋 캠페인

자료: 나이키

Enuke가 겨드랑이 제모를 하지 않은 채 당당히 팔을 들어올리고 있
다. 해당 캠페인이 공개되자 네티즌들 사이에 '여성의 겨드랑이 털'
에 대한 논쟁이 이어졌다. '역겹다', '공포를 주는 사진' 등 부정적인
평도 있었지만, 다수의 네티즌들은 '여성의 체모에 대한 자유' 의견
에 찬성을 나타냈다. 즉, 제모는 개인의 선택이며 제모를 하지 않더라
도 그것을 부끄러워해서는 안 된다는 나이키의 탈코르셋 캠페인에
많은 이들이 공감을 나타낸 것이다.

변화하고 있는 美의 관점

여성성에 대한 대중들의 시각이 달라지면서 여성의 몸을 보는 시각도 달라졌다. 바비인형같이 비현실적으로 날씬한 여성이 등장했던 속옷 광고에는 우리 주변에서 볼 수 있는 평범한 몸매를 지닌 여성들이 등장하기 시작했다. 미국 란제리 회사 '아메리칸 이글'은 진짜 어디서나 볼 수 있는 몸매의 모델을 속옷 광고에 기용한 뒤 매출이 20%나 올랐다는 사실을 발표했다. 당시 아메리칸 이글의 란제리 브랜드 에어리Aerie는 현실적 몸매를 가진 모델을 기용하고 사진의 몸매 보정도 절대 하지 않는다는 방침을 고수해, 소비자들의 큰 호응을 이끌어냈다.

최근에는 나이 드는 여성의 아름다움에도 주목하는 추세다. 세월을 거친 자연스러운 피부 그 자체로도 아름답다는 인식이 고개를 들고 있는 것이다. 이러한 흐름에 동참하는 패션 잡지나 브랜드들도 점차 늘고 있다. 패션 잡지 〈얼루어Allure〉의 편집장 미셸 리Michelle Lee는 2017년 8월 당시 "노화 방지라는 표현은 늙는 것은 싸우지 않으면 안 되는 대상이라는 메시지를 준다. 이제부터는 '안티에이징Anti-aging'이라는 표현을 쓰지 않을 것"이라고 밝혔다. 또 해당 잡지사는 72세 배우 헬렌 미렌Helen Mirren을 2017년 9월호의 표지 모델로 선정하며, 그 의지를 드러내기도 했다. 한편, 유니레버Unilever의 세정 브랜

▶ '현실감 있는' 몸매의 모델을 내세운 아메리칸 이글의 여성 속옷 광고

자료: 아메리칸 이글

▶ 패션 매거진 〈얼루어〉와 도브의 리얼 뷰티 캠페인

자료: 〈얼루어〉(좌), 도브(우)

드 도브Dove는 '리얼 뷰티 캠페인'을 통해 '진정한 아름다움'이 무엇인지에 대해 설명하고 있다. 도브의 캠페인들은 주름, 주근깨를 가진 여성이나 비만 여성의 화보를 담고 있으며, 이를 통해 아름다움에 대한 사회 통념에 도전하라는 메시지를 전하고 있다.

여성의 아름다움에 대한 기준이 변화하고 있고 이를 지지하는 기업들이 증가하고 있다. 그리고 이러한 기업은 다시 여성 소비자들의 지지를 받고 있다. 아름다움에 대한 여성들의 갈망은 사라지지 않았다. 하지만 어떤 여성이 아름다운지, 어떻게 해야 그러한 여성이 될 수 있는지에 대한 내용은 변화하고 있다. 이러한 시대의 흐름을 빠르게 읽는 기업이 여성 소비자의 마음을 사로잡을 수 있을 것이다.

여성 마케팅을 바라보는 여성들의 민감함에 대하여

여성 소비자들을 겨냥한 페미니즘 마케팅과 코즈 마케팅 등이 각광을 받으면서, 다양한 스토리와 방식의 관련 마케팅들이 시장에 넘쳐나는 상황이다. 그중 여성의 감성을 자극해 대중에 호평을 받고 성공적인 마케팅으로 남는 경우가 있는가 하면, 혹평을 받고 빠른 속도로 시장에서 사라지는 마케팅들도 있다. 과거의 여성 마케팅 실패 사례를 살펴보면, 향후 성공적인 여성 마케팅을 위해 어떤 전략을 취해야 할지 판단하는 데 좋은 기준이 된다.

이 캠페인의 진짜 명분이 뭐야?

성공적인 여성 마케팅을 위해서는 다음과 같은 사항들을 고려할 필요가 있다. 우선, 실시하고자 하는 여성 마케팅이 브랜드의 가치와 잘 어울리는지에 대한 고민이 필요하다. 이는 코즈 마케팅 자료에서 언급한, 기업의 본 사업과 사회공헌 활동의 적합성이 높아야 한다는 내용과도 부합한다. 브랜드 가치와 사회공헌 활동의 불일치 사례는 2010년 미국에서 진행된 KFC의 핑크 버킷 마케팅 사례를 들 수 있다.

해당 캠페인은, 유방암을 상징하는 핑크색 버킷에 담긴 치킨을 구매하면 일정 금액이 유방암 예방을 위한 단체에 기부되는 형식이었다. 그러나 해당 마케팅은 실패에 가깝게 끝났다. 유방암과 치킨은 서로 관련성도 없을뿐더러, 치킨의 과도한 트랜스지방이 유방암 발병률을 높인다는 모순적인 상황이 소비자들의 반감을 불러일으킨 것이다. 아무리 좋은 취지의 캠페인일지라도 브랜드 성향과 맞지 않는

▶ **여성 마케팅의 실패 사례로 남은 KFC의 '핑크 버킷 유방암 캠페인'**

자료: KFC

다면 오히려 역효과만 불러일으킬 수 있다.

다음으로 소비자들에게 경제적인 부담이나 손해가 난다는 이미지를 주어서는 안 된다. 이를 잘 보여주는 사례가 도미노피자의 '도미노 1/2 캠페인'이다. 이 캠페인은 소비자가 15% 할인가로 피자 한 판을 구매하면 반 판은 소비자에게 배달하고, 나머지 반 판은 저소득층 공부방 아이들에게 기부, 그리고 도미노가 나머지 반 판을 기부하여 결과적으로 공부방 아이들에게 한 판의 피자를 기부하는 방식의 코즈 마케팅이었다. 그러나 결과적으로 어느 정도 할인된다 하더라도 소비자에게는 피자 반 판만 돌아가기 때문에, 소비자의 비용으로 기업이 생색을 낸다는 평가가 줄을 이었고, 이 캠페인은 실패한 코즈 마케팅으로 끝나고 말았다.

이 사례가 주는 교훈은, 소비자의 구매 비용이 손해 난다는 인상을 주지 않으면서 적절한 곳에 의미 있게 쓰인다는 사실이 잘 전달되어야 성공적인 코즈 마케팅으로 남을 수 있다는 점이다. 또한 기업 이미지 관리 차원이나 제품 판매의 수단으로서 공익을 앞세워서는 소비자의 마음을 얻을 수 없기 때문에 마케팅에 진정성을 더하는 것이 중요한 과제가 될 것으로 보인다.

쉬코노미가 온다

선한 기획 의도만으로는 안 된다
섣불리 접근하다가는, 오히려 역풍

한편, 마케팅 의도나 취지가 좋을지라도, 여성을 대상화하거나 물건화하는 방식은 지양해야 한다. 앞서 소개한 것처럼 글로벌 바디용품 브랜드 도브는 지난 2004년부터 여성들에게 '자신의 외모에 자신을 가져라'는 메시지의 리얼 뷰티 캠페인을 펼치며 여성들의 자신감을 고취시키고 여성 친화적인 이미지를 구축해왔다. 그러나 항상 이 캠페인 시리즈가 성공해왔던 것만은 아니다.

2017년도에 영국에서 이루어진 도브의 리얼 뷰티 캠페인 중 하나인 '바디워시 패키징' 론칭은 보기 드문 실패작으로 꼽힌다. 당시 도브는 다양한 높이와 너비의 바디워시 패키지 제품을 한정판으로 출시했다. 그리고 광고를 통해 "한정판 바디워시를 통해 다양한 아름다움을 격려해주세요(Celebrating Beauty Diversity with Limited Edition Body Washes)"라는 문구를 헤드라인으로 내세웠다. 즉, 여성은 키가 크든 작든, 몸집이 왜소하든 뚱뚱하든, 체형에 상관없이 그 자체만으로 아름답다는 의미를 담은 마케팅이었다. 이 마케팅은 여성 소비자가 자신의 체형과 닮은 패키징을 사게끔 유도하려는 의도를 품고 있었다. 도브 측 관계자는 당시 "볼륨 있는 체형부터 날씬한 체형, 키가 크거나 작은 체형 등 피부색이나 발 사이즈, 머리 색에 상관없이 아름다움은 다양한 형태로 존재한다. 이번 도브가 출시한 각기 크기와 모양이 다른 7가지 유형의 패키지는 다양한 아름다움을 지닌 여성들을 보여주려 했다"라며 제품 취지를 설명하였다. 도브는 해당 패키지 제품들을 15개국에 론칭하며 의욕 넘치게 캠페인을 진행했으나 이 제품은 생각지도 못한 역풍을 맞았다. 많은 여성들이 상품의 용기 패키지를 여성의 체형에 빗댄 것에 대해 반감을 나타낸 것이다. 이후 도브는 여성을 대상화하였다는 비난 여론에 직면했다. 마케팅의 의도와 취지는 좋았지만 그 아이디어를 표현하는 방식에서 오해의 여지가 컸고, 결국 이 마케팅은 실패로 끝나고 말았다.

▶ **다양한 여성의 체형을 빗대어 만든 도브의 바디워시 패키지**

자료: 도브

　　　　　　　　　　　　쉬코노미가 온다

여성을 대상화·물건화한 해외 사례로 도브가 있다면, 국내에서는 행정자치부의 '대한민국 출산지도'를 들 수 있다. 대한민국 출산지도는 행정자치부가 2016년 12월 29일에 공개한 전국 243개 자치단체의 출산 통계를 담은 자료이다. 지역별 임신·출산·보육 지원 혜택과 출생아 수 및 합계출산율, 조혼인율, 가임기 여성 인구 등 관련 통계치 등을 볼 수 있는 공익성 자료였다. 저출산에 대한 이해도를 높이고 지자체 간 출산 지원 혜택 자율 경쟁을 유도하고자 했던 것이 해당 자료의 도입 취지였다.

그러나 해당 자료가 공개되자마자 행정자치부는 여성을 출산의 도구로 비하했다는 비난에 휩싸였다. 또 가임기 여성의 수를 집계하여 지도에 표현하는 통계 방식으로 인해, '행정자치부가 저출산의 문제를 여성만의 문제라고 여기는 것이 아니냐'는 비판에도 직면하게 되었다. 임신과 출산은 여성의 선택의 문제이기에 강요할 수 없는 부분임에도, 가임기 여성의 임신 희망 여부는 따지지도 않은 채 출산을 압박하는 듯한 분위기를 조성했기 때문이다. 이 역시 공익적인 의도로 출발하였으나, 여성을 비롯한 국민들의 마음을 제대로 들여다보지 못한 채 왜곡된 접근으로 오히려 역풍을 불러온 사례다.

여성 마케팅에 앞서 고려해야 할 것들

오늘날, 페미니즘과 젠더 감수성, 성차별 문제를 고려했는지 여부가 성공하는 마케팅의 척도가 되고 있다. 이러한 경향성을 고려하지 않을 경우, 소비자들의 공감을 얻지 못하거나 심한 경우에는 '여혐' 논란, 마케팅 활동과 상품 출시 중단 등 원치 않는 결말을 맞이할 수 있다. 이 때문에 여성을 주요 대상으로 하는 마케팅 활동의 경우, 다음과 같은 사항을 반드시 확인하여 논란을 불러일으킬 만한 위험 소지를 사전에 제거하는 것이 좋을 것으로 판단된다.

- 실시하고자 하는 마케팅이 브랜드의 가치와 잘 어울리는가?
- 여성을 대상화하거나 물건화했는가?
- 여성의 몸을 출산이나 성적 도구로 전제한 기획이지 않은가?
- 여성의 구매 동력을 '남성의 만족'으로 설득했는가?
- 데이트 폭력, 성범죄 등 여성이 느낄 수 있는 공포를 희화화하지는 않았는가?
- 여성의 신체를 성적으로 접근하거나 맥락 없이 선정적으로 전시하지는 않았는가?
- 데이트 폭력·범죄에 대한 여성의 공포를 마케팅 소재로 사용하지는 않았는가?

쉬코노미가 온다

- 성 역할의 고정관념을 고착화하지는 않았는가?
- '○○녀女'라는 프레임을 내재하고 있지는 않은가?

여성들의 힘은 날로 강해지고 있다. 기업들이 이를 잘 활용하기 위해서는 보다 세심한 주의를 기울일 필요가 있다.

미닝 사이언티스트,
소셜 빅데이터 속에서
여성들의 숨은 욕망을 읽다

대한민국에 '여성상위 시대'라는 용어가 등장한 것은 수십 년도 더 된 일이다. 아마도 1990년대 초반의 MBC 드라마 〈사랑이 뭐길래〉에서 가부장적인 가치관에 맞서는 며느리의 스토리가 큰 공감을 끈 것도 '여성상위'라는 가치관에 기반했던 현상이었을 것이다. 그러나 사실 당시의 '여성상위' 개념은 기존의 가부장적 사회에서의 여성의 지위 향상을 빗대어 의미하는 것에 불과했다. 즉, 실제로 남성의 영향력보다 여성의 영향력이 강해졌다는 의미보다는, 예전에 비해 조금 강해졌다는 의미였다.

그러나 2019년의 대한민국은 다르다. 일련의 사건들이 발생하면서 여성들은 온라인을 중심으로 뭉치고 목소리를 크게 내기 시작했다. 온라인의 텍스트 데이터들, 즉 사람들의 목소리를 분석하는 소셜 빅데이터 분석을 업業으로 하는 연구진들이 여성의 목소리에 대해 관심을 갖게 된 것은 아마도 당연한 일일 것이다. 트렌드를 읽는 타파크로스의 의미과학자(=미닝 사이언티스트)들은 현재 여성의 힘, 그리고 대한민국의 '쉬코노미'를 최전선에서 체험하고 있다.

이 책에서는 이러한 현상을 분석하기 위해, 소셜 빅데이터에 나타난 목소리를 기반으로, 여러 사례와 통계를 활용해 살펴보고자 했다. 분석 결과로 나타난 것처럼, 2019년도 대한민국 여성들은 직장에서 많은 어려움을 겪고 있고, 결혼이라는 사회적 제도를 거부하고 있다. 가부장적 문화가 아직은 존재하기 때문이다. 더불어, 모든 소비에서 자신이 부여하는 가치를 중요하게 여기며 자신을 가장 최우선으로 생각하기 시작했다. 그리고 이러한 가치를 실현하기 위해 온라인에서 더 크게 연대하기 시작했다.

앞서 언급했지만, 현재 대한민국의 경제를 주도하는 여성 소비자의 마음을 얻으려면, 그들이 추구하는 가치를 이해할 필요가 있다. 그들은 착한 소비와 윤리적 소비를 추구하며, 기존의 정형화된 아름다움을 거부하고, 최고의 대접을 받기를 원하고 있다. 더불어, 여전히 예쁜 사진과 스토리를 중시한다.

이 책이 2019년도 대한민국 여성들이 처한 사회적 환경에 대해 잘 이해하고, 그녀들의 마음을 파악하여 2020년 대한민국 여성들의 마음을 사로잡을 수 있도록 돕는 길잡이가 되기를 바란다. 더불어, 이러한 방향 설정의 토대가 되는 소셜 빅데이터 분석을 이해하는 기반이 되었으면 한다. 본문을 통해 알 수 있었던 것처럼, 소셜 빅데이터 분석은 현재 소비자의 정직한 메시지를 파악할 수 있으며, 그 속에 숨어 있는 의미를 분석할 수 있다는 장점이 있다. 그리고 과거로부터 현재까지의 변화 추이를 쉽게 트래킹할 수 있다. 이러한 장점이 다양한 분야에서 널리 활용되기를 바라며, 불철주야 소셜 빅데이터를 연구하고 그 의미를 파헤치고 있는 미닝 사이언티스트들의 앞날이 화려하게 빛나길 기원한다.

쉬코노미가 온다

미주

1 박무늬, 〈혐오에 맞서는 혐오: 인터넷 커뮤니티 메갈리아를 통해 본 한국 사회의 젠더 담론〉, 고려대학교 대학원, 2016.

2 권인숙, 〈미투 운동 이후 사회 변화에 대한 의견 조사결과 발표〉, 한국여성정책연구원, 2019.

3 2019년 2월 27일~3월 4일 진행. 전국 거주 만 19~59세 성인 남녀 2012명 대상. 표본 오차 95% 신뢰수준에서 ±2.18%p.

4 김수아, "연결행동(Connective Action)? 아이돌 팬덤의 트위터 해시태그 운동의 명암", 〈문화와 사회〉, vol.25, 2017, 297-336.

5 "Academy Invites Record 928 New Members", Variety, 2018.07.25.

6 "U.S. Women Control the Purse Strings", Nielsen, 2013.02.04.

7 Bridget Brennan, *Winning Her Business*, HarperCollins Leadership, 2019.

8 "미국의 여성 경제 현황, 지금은 쉬코노미(SHEconomy) 시대", KOGMEDIA, 2018.04.09.

9 Bridget Brennan, *Winning Her Business*, HarperCollins Leadership, 2019.

10 "기발한 아이디어로 '여심 저격'하는 미국 스타트업 기업들", 〈매경이코노미〉,

2018.04.28.

11 "Femtech—Time for a Digital Revolution in the Women's Health Market", Frost&Sullivan, 2018.01.31.

12 "STATISTICS ON THE PURCHASING POWER OF WOMEN", girlpower marketing 홈페이지(https://girlpowermarketing.com/statistics-purchasing-power-women).

13 "럭셔리 자동차 브랜드, 여성의 구매력에 집중하다", Roadtest, 2018.02.20.

14 "미국 여성 스포츠 참가의 역사", 국민체육진흥공단, 2011.06.16.

15 Ellen J. Staurowsky, Women and Sport: Continuing a Journey of Liberation and Celebration, Human Kinetics, 2016.

16 "The Rise of Women's Sports", Nielsen, 2018.10.03.

17 이경아, "중국과 대만의 여성 지위 비교 연구", 〈국제지역연구〉, 23(1), 2019, 29-61.

18 "中 스포츠 시장에서 본 '타징지(她经济)'", KOTRA, 2019.07.04.

19 "Driving Growth: The Female Economy in China and India", The Boston Consulting Group.

20 "China's $670 billion 'sheconomy' is growing like crazy", CNBC, 2019.05.03.

21 "'전 세계 쉬코노미 전성시대' 뜨는 스타트업은?", 소셜타임즈, 2019.05.30.

22 "면세 업계 거세지는 '왕홍' 바람…13억 인구 사로잡나", 파이낸셜투데이, 2019.07.03.

23 "중국 포털사이트서 '갤러리아면세점' 검색량 829% 증가 '왜'", 시사위크, 2016.10.12.

24 "2025년 중국인 명품 소비 규모 209조 원…전 세계 40% 차지", 연합뉴스, 2019.04.29.

25 신한은행, 〈2019 보통사람 금융생활 보고서〉, 2019.

26 여성가족부, 〈2019 통계로 보는 여성의 삶〉, 2019.

27 "'여행업계 큰손은 女'…여성 출국자 수, 처음으로 남성 추월", 매일경제, 2018.04.30.

28 "자동차·여행·문화…'소비시장의 女風' 갈수록 영역 확대", 영남일보, 2019.06.22.

29 "폼 나게 운동하는 여성들 스포츠의류 시장도 '접수'", 한겨레신문, 2017.05.14.

30 "국내 20대 여성 소비자, 스포츠 의류 소비 3년간 17.5% 성장", 한국섬유신문, 2018.11.23.

31 "女 오너 드라이버 500만 명…차 업계 '여심 잡기'", 이데일리, 2018.11.20.

32 통계개발원, 《한국의 사회동향》, 통계청 통계개발원, 2016.

33 "소셜 미디어와 검색 포털에 관한 리포트 2019", 오픈서베이, 2019.03.12.

34 "375 million vegetarians worldwide. All the reasons for a green lifestyle", expo2015, 2014.10.27.

35 〈주요국 베지테리언 식품 시장현황 및 수출확대 방안 – 미국, 독일, 영국 시장을 중심으로〉, 농림축산식품부, 2017.

36 "'2019년은 비건의 해'…주류 문화로 부상한 채식주의", 교수신문, 2019.02.14.

37 "믿음 가는 동물 복지 달걀 인기", 파이낸셜뉴스, 2019.07.22.

38 "남양유업 사태 1개월…5월 매출 큰 폭 감소", 서울파이낸스, 2013.06.10.

39 이윤재·강명수·이한석, "온라인 소비자 불매운동 의도의 영향 요인에 관한 연구", 〈소비자문제연구〉, vol.44(2), 2013, 27–44.

40 박은아·박민지, "누가 불매운동에 참여하는가?", 〈한국심리학회지: 소비자·광고〉, vol.19(1), 2018, 121–138.

41 "오뚜기 '이색라면' 공세…시장 1위 농심 뒤흔드나", 파이낸셜투데이, 2018.11.01.

42 "진라면, 후라면 턱밑까지 끓었다…점유율 격차 10년 새 20%P→3%P", 한국경제, 2019.01.08.

43 "'비주얼+건강함' 동시에 잡다…'흑당 밀크티' 대세 메뉴 등극", 브릿지경제, 2019.05.12.

44 최민경, "나홀로족의 가정식사 대용식(HMR) 구매 유발 요인 및 패키지 디자인에 대한 선호도 분석", 〈한국디자인문화학회지〉, vol.23(4), 2017, 781–791.

45 "파스퇴르, '7곡 미숫가루 우유' 아침 대용식 출시", 글로벌경제신문, 2019.08.09.

46 "소화불량, 여성이 남성의 1.5배… 피해야 할 음식은?", 헬스조선, 2018.10.30.

47 "'홈 케어 뷰티 쇼핑 마켓, 3세대 디바이스가 이끌어", 스포츠경향, 2019.04.02.

48 '2019 피부 관리 및 홈 뷰티 관련 인식 조사', 엠브레인 트렌드모니터, 2019.04.26.

49 "[2019 여성의 삶] 2명 중 1명이 일하지만…40%는 비정규직", 뉴시스, 2019.07.01.

50 "사람인, '여성 직장인 2명 중 1명, 유리천장 여전하다 느껴'", 서울경제, 2019.07.24.

51 '2019 성인 영어학습 관련 조사', 엠브레인 트렌드 모니터, 2019.06.28.

52 "'퇴사하고 네일숍이나 차려볼까'라고요?", 헤럴드경제, 2018.09.18.

53 "하루에 16번 앱으로 이성 검색, 겨울이 가장 외롭다", 중앙일보, 2019.03.10.

54 "급증하는 데이트 폭력 방지대책 마련 시급하다", e-전라매일, 2019.09.09.

55 "'탈연애 선언'부터 '성차별 노동' 고민까지, 같이 하실래요?", 한겨레, 2019.03.05.

쉬코노미가 온다

1판 1쇄 인쇄 | 2019년 12월 11일
1판 1쇄 발행 | 2019년 12월 18일

지은이 타파크로스
펴낸이 김기옥

경제경영팀장 모민원 기획 편집 변호이, 김광현
커뮤니케이션 플래너 박진모
경영지원 고광현, 임민진
제작 김형식

디자인 제이알컴
인쇄 · 제본 민언프린텍

펴낸곳 한스미디어(한즈미디어(주))
주소 121-839 서울시 마포구 양화로 11길 13(서교동, 강원빌딩 5층)
전화 02-707-0337 | 팩스 02-707-0198 | 홈페이지 www.hansmedia.com
출판신고번호 제 313-2003-227호 | 신고일자 2003년 6월 25일

ISBN 979-11-6007-458-1   13320